日本アニメ誕生

豊田有恒
TOYOTA Aritsune

The dawn of Japanese Animation

勉誠出版

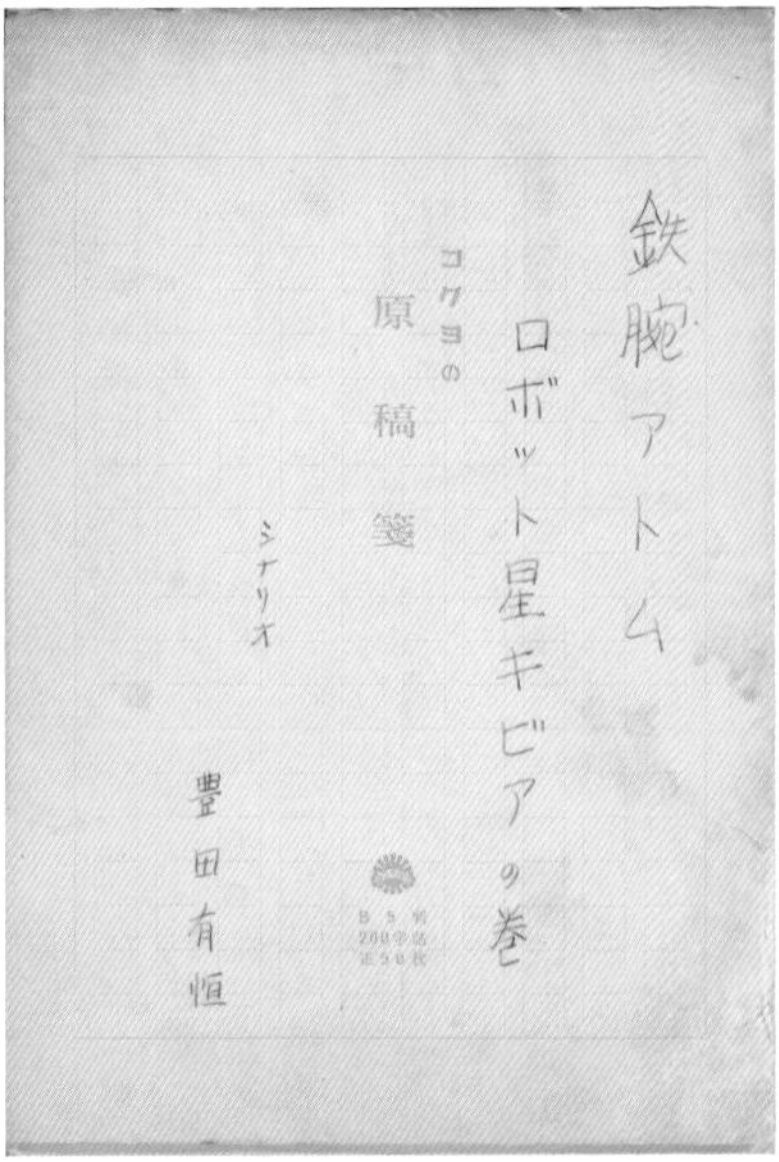

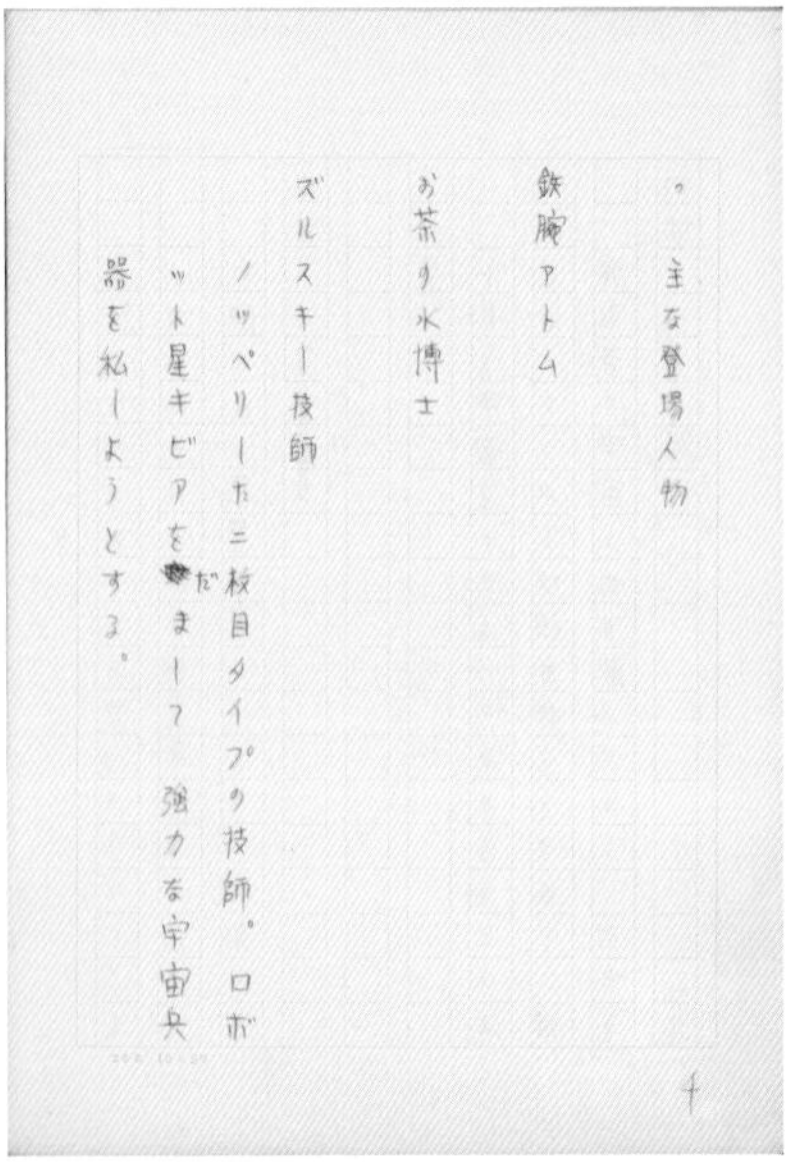

『鉄腕アトム』「ロボット星キビアの巻」（第157話）手書き原稿　表紙（右）・登場人物（左）

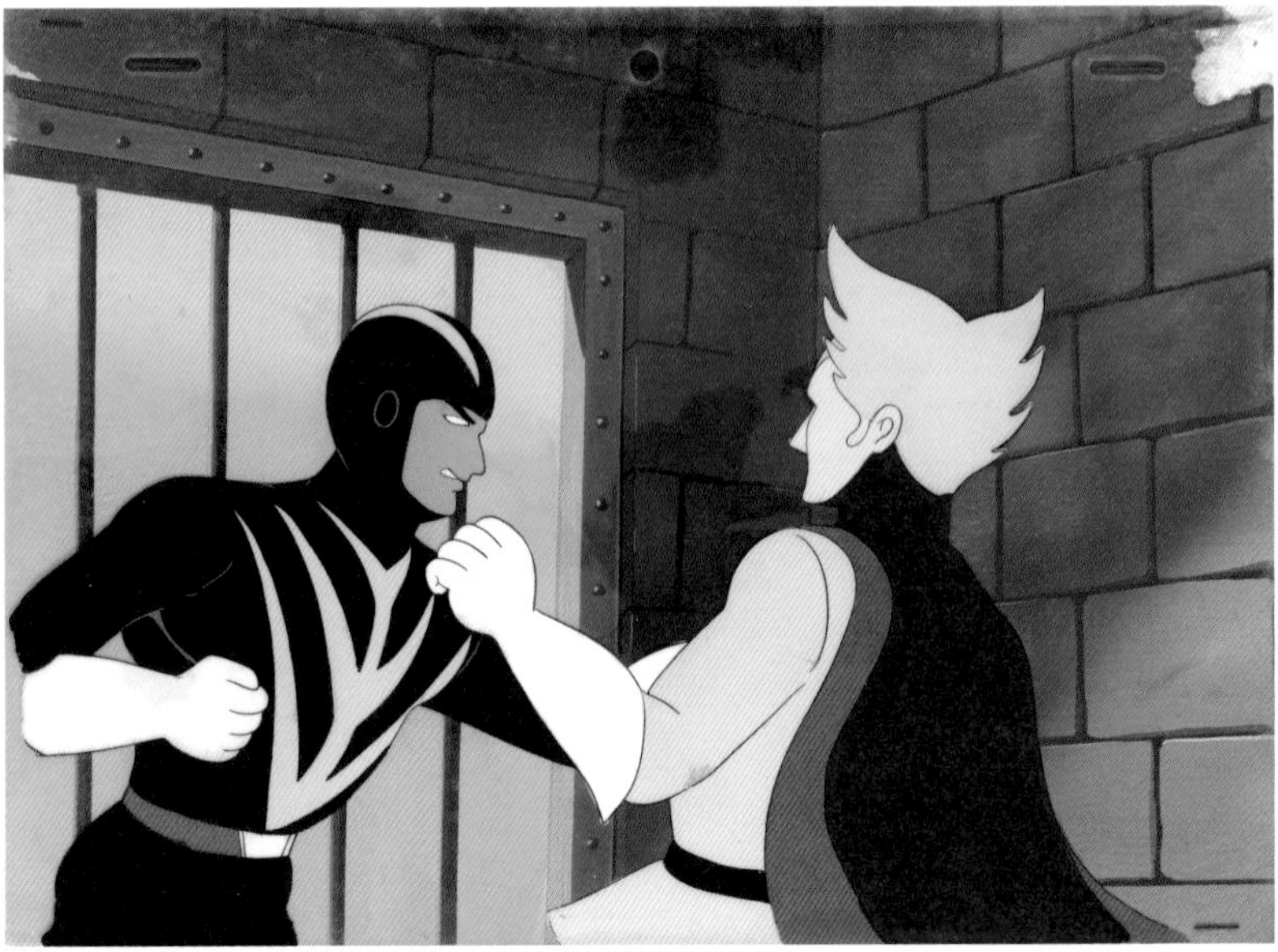

『スーパージェッター』悪役（ピューマ＆ジャガー）セル画

目次

-3-

『宇宙戦艦ヤマト』設定資料より

映画『さらば宇宙戦艦ヤマト』設定デザイン画

ヤ マ ト タ ケ ル（16才ー小碓《オウス》王子）

ヤマトの国、日代の大王の第二王子として生まれたが、兄大碓命と双児だったために不吉な存在として疎んぜられ、美濃の豪族稲置によってひそかに育てられる。

東 海 竜 王

蓬莱山に近い海底の竜宮にすむといわれる魔神、その正体は黄金の鱗と鰭をもつ金竜。

『ヤマトタケル』アニメ化企画書より（）

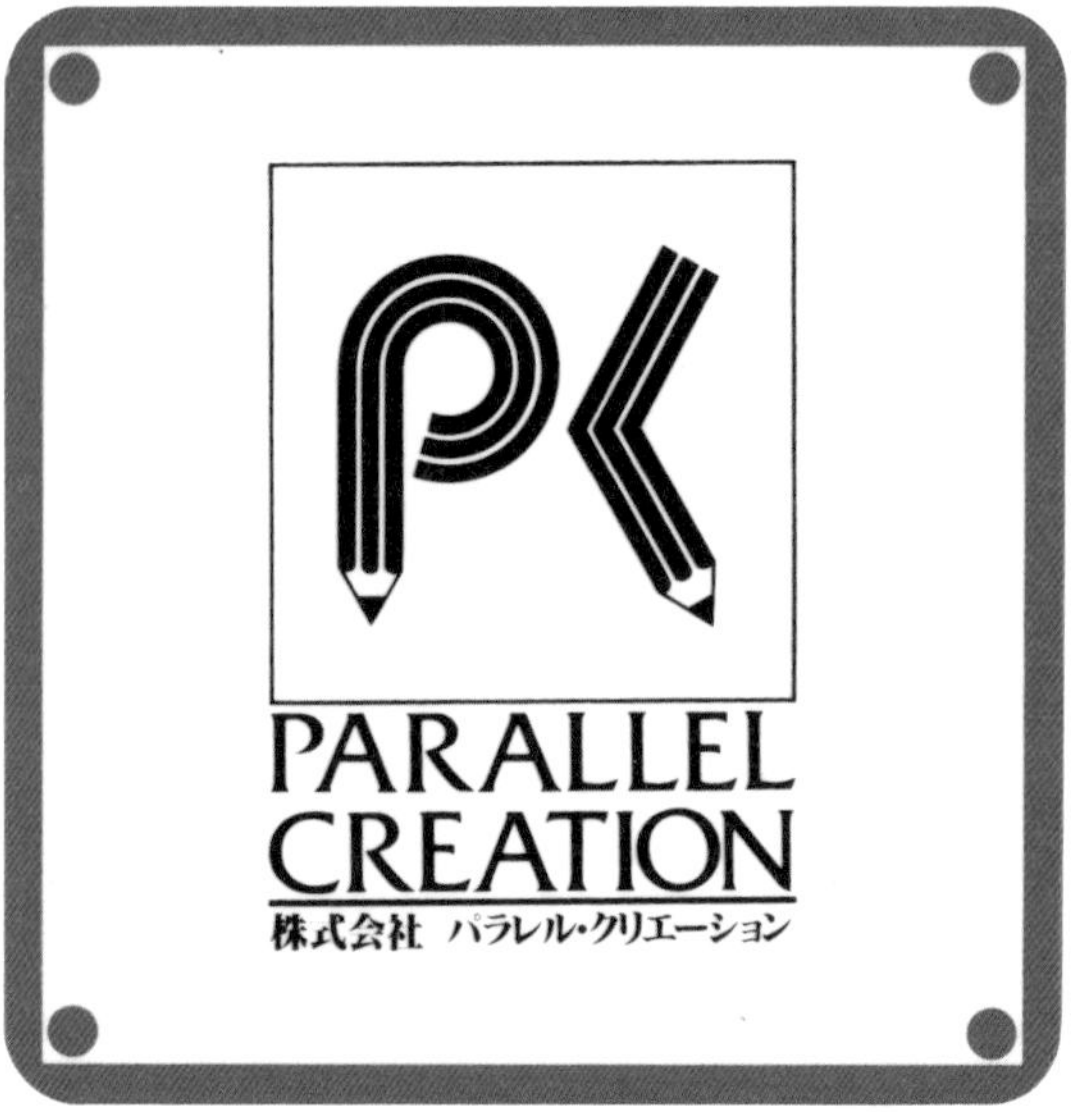

パラレル・クリエーション看板

パラクリ軽井沢テニス＆ツーリング旅行（1991年8月）

パラクリ忘年会

名古屋のSF大会で　豊田有恒(右)と地元の高井信(左)打ち合わせ中

名古屋のSF大会で　フリートーク(左から豊田有恒・石川英輔・米田裕・星敬)

まえがき

一九八九年二月九日、日本から至宝ともいうべき偉大な才能が失われた。手塚治虫逝去。享年六十歳だった。手塚治虫がいなければ、日本の漫画もアニメも、存在しなかった。今でこそ世界に冠たるManga、Animeだが、もし手塚が先人として多くの労苦の末に、道を拓いてくれなければ、現在の隆盛は、もたらされなかった。欧米では滑稽本《コミック・ブック》として、子供向けのメディアでしかなかった漫画を、大人が読むに堪えるメディアへと、手塚は昇華させたのである。ひところ、欧米人による日本人論に、いい年をした大人が、電車内などで漫画を読んでいるという批判がしばしば登場したものだが、欧米と異なり日本の漫画は大人が読むに値する作品だからである。手塚は、初期の作品『来るべき世界』で、突然変異について、英語由来のミューテーション(mutation)ではなく、ドイツ語でムタツィオーン(Mutation)と仮名を振っている。手塚自身、医学博士である手塚の面目躍如たるものがあった。もし手塚という天才の努力がなければ、日本の漫画は、あいかわらず子供の読み物の域を出なかったろう。

日本でも、漫画が社会的な偏見にさらされる時代が長く続いた。手塚は、こうした偏見、誤解を、ひとつずつ打ち砕き、日本社会に漫画を定着させていったのである。

半世紀以上の星霜を経て、手塚が拓いた道が、やがて『ワンピース』や『進撃の巨人』や『名探偵コナン』などの大ヒットにつながっていくのである。

また、『鉄腕アトム』は、日本最初のゴールデンアワー放映のシリーズアニメである。のちほど解説するつもりだが、実現に至るまでには、多くの障害があり、手塚のアニメに賭ける情熱がなければ、乗り越えられなかったであろう。手塚が、初期において、先駆者であるウォルト・ディズニーに寄せた尊敬と憧憬は、多大なものだった。これは、いわば産業界における戦後の過程とも、よく似ている。欧米のテクノロジー、システム、ノウハウを下敷きにしながら、やがて独自の技術、思想、製品などを生み出すようになっていく。

手塚も、試行錯誤を重ねながら、ディズニーに範を求める一方、独自の日本アニメを確立していったのである。作画技術が未熟だった時代、手塚が編み出した多くのノウハウが、現在も生かされている。たとえば主人公の動きの動画をバンクしておいて、背景を変えて使いまわしにするなど、いわゆる「バンクシステム」によって、毎週一本というシリーズの過酷な制作スケジュールを省力化することができたのも、手塚の工夫のたまものである。また、アニメ技術が幼稚だったころ、アイデア、プロット、ストーリーの重要性を重視したのも、手塚の先見の明である。こうした手塚の精進と努力がなければ、『宇宙戦艦ヤマト』も『機動戦士ガンダム』も『新世紀エヴァンゲリオン』も、実現していなかったろう。

一九六三年『鉄腕アトム』(手塚治虫 原作)の放映がスタートした。ついで、『鉄人28号』(横山光輝 原作)、さらに『エイトマン』(平井和正 原作、桑田次郎 絵)が、放映の運びとなり、日本のアニメ文化が始まった。いずれもSFもので、ロボット・テーマだったことは、単なる偶然ではなかった。その後の日本アニメの方向を占う第一歩だった。

ぼくは、これら初期三作のうち、『鉄腕アトム』、『エイトマン』に、本邦最初のオリジナル脚本家として参加した。

今でこそ、世界に冠たる日本アニメだが、当時は、前例のないジャンルだけに、すべてが手探りで、試行錯誤の苦闘の連続だった。さながら、NHKの人気番組『プロジェクトX』のように、先人の多くの偉業によって、ようやく達成されたものだが、手塚治虫をはじめ、日本アニメ誕生に携わった人々のほとんどが物故した現在、その沿革、歴史が、伝わりにくくなっている。

日本のアニメ史に関しては、多くの類書が書かれているが、いずれも評論的、分析的なものが多く、当時の実際の現場でのエピソードを反映した本は、かならずしも多くはない。

2013年『鉄腕アトム』放送50周年記念　虫プロ同窓会
パーティー会場にて声優石津綾（石津嵐・節子 次女）と。

数年前、『アトム』放映の五十周年ということで、いろいろなイベントが催されたが、ぼくも当時を知る関係者として、講演会などに招かれる機会が少なくなかった。アメリカ国務省日本語研修所（横浜）でも、四苦八苦して英語も交えて語ったものである。感謝祭（Thanks Giving Day）の記念行事の一環ということだったが、日本アニメが、いかに国際化され、評価されているかを実感させられる体験だった。参加したアメリカ人のうち、半数は軍関係者であり、幼少のころ、『Astro Boy（鉄腕アトム）』を見たという体験を、軍服姿の年配の将校の口から話してもらい、日本アニメがいかに大きな影響力を持つ存在であったか、逆に教えられる想いだった。アメリカ側も、ぼくの協力を多としてくれたらしく、二年にわたって独立記念日のパーティに、赤坂の大使館に招待してくれ、ルース大使（当時）にお目にかかる栄誉も与えられた。

しかしながら、実際の製作現場でなにが起ったか、どういった点で苦心したかなど、具体的な歴史が語られぬまま、ともすれば現在のアニメの盛況だけが、クローズアップされているきらいがある。また、『ガンダム』の富野由悠季《とみのよしゆき》をはじめ、当時を語る記録を残しているものの、もっぱら作画に関する記述が多く、企画面、アイデア・プロットに関する証言は、あまり残されていない。

大げさに言えば、ぼくも歴史の生き証人の一人であり、後世に語り継ぐ責任がある。少なくても、後世のため、当時、アニメに賭けた人々の努力と情熱を、いわば遺言として残しておくべき責務があると考える。

一例を挙げれば、ぼくが、『エイトマン』のシナリオ担当として、まだ学生だったにもかかわらず起用された際、当時テレビの勃興期にあったＴＢＳでは、多くのプロのシナリオライターに脚本を依頼したところ、ほとんどの相手から即座に断わられてしまったという。「馬鹿にするな。そんな漫画の仕事などできるか、俺のキャリアーに傷がつく」と怒鳴られたこともあったという。まだアニメという言葉すら存在しなかった時代なのである。そこで、ＴＢＳ側としては、原作者の平井和正が連れてきたズブの素人のぼくに、シナリオの書き方から始めて、教えていくしかなかったのである。ＴＢＳのプロデューサー三輪俊道、ディレクター河島治之《はるし》（のちに東京新聞の政治漫画、法廷画を担当）の大英断だったことになる。

二十代の前半で、ひとつの文化が誕生する瞬間に居合わせたことは、いま思えば望外の幸せだった。初期アニメに関わった多くのクリエーターに関しても、恩師と仰ぐ手塚治虫を含めて、知る限りのエピソードを紹介し、かれらの業績を、あらためて顕彰してみたい。公平を期すため、敬称略で、書くとしよう。手塚治虫という人は、決して権威的な振舞いをしなかった。ぼくの非礼を許してくれると思う。

目次

第三章　シナリオがない！

第四章　社長が消えた！

第五章　アトム輸出。お茶の水博士は、ドイツ人？

第六章　「イルカ文明の巻」視聴率トップ

第七章　手塚治虫とけんか別れ

第八章　再びＴＢＳへ――『スーパージェッター』『宇宙少年ソラン』

1

手塚治虫との出会い。押しかけ原作を強要

手塚治虫に会いに行く

昭和三十六年（一九六一年）、ぼくは、第一回日本SFコンテストに入賞したものの、それだけでは、まだ食べられる状態ではなかった。そのとき、ぼくは、とんでもないことを思いついた。入賞した作品『時間砲』を、子供のころから読み親しんできた漫画家の手塚治虫の手で、マンガにしてもらおうと、生意気にも考えたのである。

当時は、個人情報の保護なども厳しくはなかったから、簡単に電話することができた。もちろん、手塚本人が、電話口に出るわけもないが、マネージャーの今井義章が、取り次いでくれたところ、会ってくれるという。あの手塚治虫が、快く会ってくださるというのだ。ぼくは、大喜びをしながら、一日千秋の思いでその日を待ちつづけた。

約束した日、西武池袋線の富士見台の駅を降りると、近くには、まだ畑がたくさんあった。昭和三十七年（一九六二年）の練馬区は、土地ブームの最中だった。マスコミで一坪《ひとつぼ》遊びという豪遊が、話題になったこともある。農地だった畑が、宅地に転用されている時代、農家の子弟が、土地を一坪だけ売れば、銀座で豪遊できたそうである。

ぼくは、私立武蔵高校の出身だから、江古田近辺が、名物の練馬大根の産地だった時代を覚えている世代である。ちなみに、脚の太い女性を侮辱する大根足という言葉、練馬大根が由来であり、練馬大根というふうに、隠語としても使われていた。江古田ですら、大根畑だった時代である。同じ西武池袋線でも、さらに引っ込んだ富士見台は、まだ畑だらけだった。

手塚の虫プロへ行く途中、面白い体験をした。広い庭のある明らかに農家だと判る大きな家の前を通りかかった。片仮名のコの字の形の建物配置になっている。ふと眼をやると、道路に近い左側の袖のような藁葺《わらぶき》の小屋の中に、真新しいアメリカ車が、鎮座している。リンカーンかキャデラックか知らないが、豪華なアメリカ車は、藁葺小屋には、ふさわしくない。立ち止まって、しげしげと眺めているうちに、ようやく事情が呑み込めてきた。その旧家らしい農家の藁葺小屋は、本来は馬小屋だったにちがいない。土地ブームで、大金持ちになったので、馬の代りにアメ車が、鎮座しているわけだろう。

こんな妙な体験をしながら、ようやく虫プロまで、足を運んだ。近くは農地ばかりだったが、突き抜けるように三階建ての白亜の建物がある。まだスタジオはなかったが、ここが手塚治虫の邸宅を兼ねた仕事場である。緊張しながら、玄関で名乗ると、話が通っていたとみえて、すぐ奥へ案内された。ピアノのある応接室で待つほどもなく、あの手塚治虫が現れた。トレードマークのベレー帽をかぶり、にこやかな笑顔を浮かべているので、ぼくの緊張もやや和らいだ。こちらから名乗ったのち、通り一片の挨拶をすると、手塚が、優しそうな笑顔のまま答えてくれた。

「ＳＦコンテストの最終候補に、二作も残っていた豊田さんですね」

なんと、あの手塚治虫が、ぼくごときアマチュアの名前を、知っていたのだ。これには、驚くというより感動した。

ＳＦコンテストとは、早川書房の『ＳＦマガジン』が、東宝映画とタイアップして募集したＳＦ作品のコンテストで、当時まだＳＦという単語がポピュラーでなかったため、空想科学小説コンテストというのが、正式名称だった。発表されたのは一九六〇年だったが、選考経過報告として、最終候補作十二編が誌上に載ったのは、一九六一年七月号である。ここには、小松左京『地には平和』、眉村卓『下級アイデアマン』、平井和正『殺人地帯』、小隅黎（柴野拓美）『宇宙都市

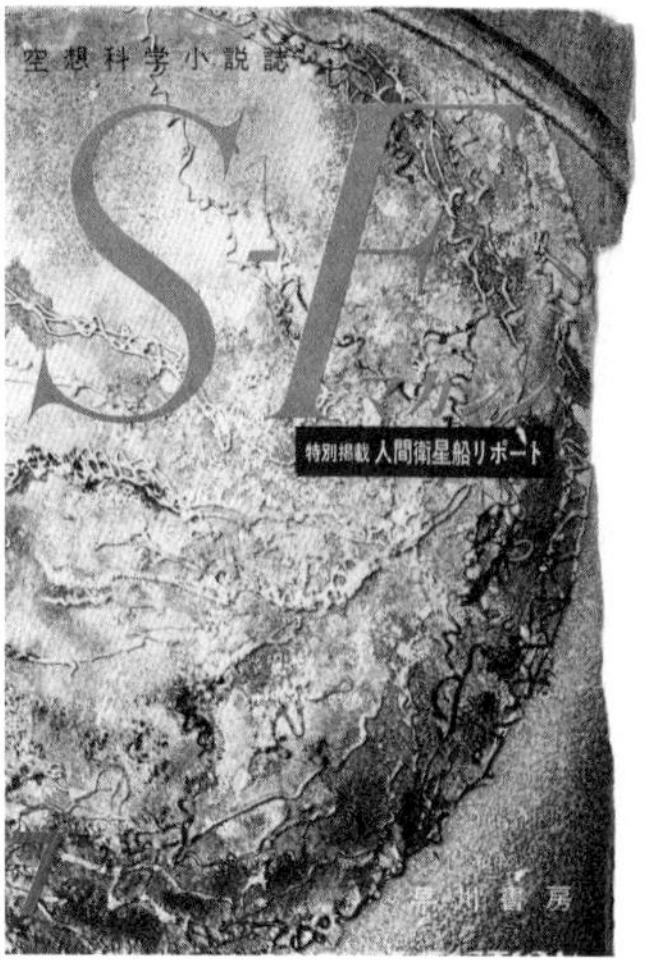

『SFマガジン』1961年7月号表紙

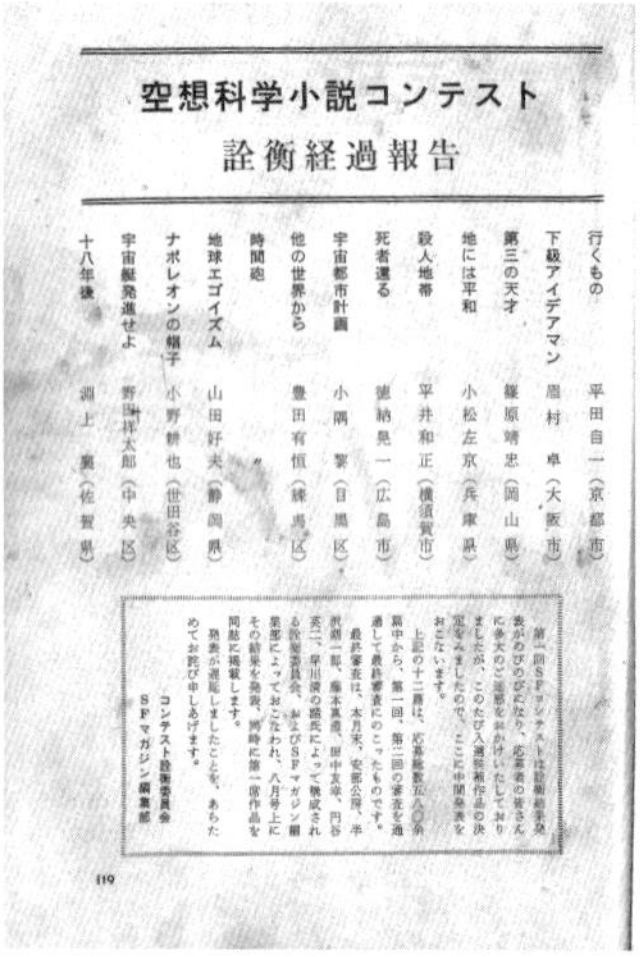
空想科学小説コンテスト
詮衡経過報告

行くもの	平田自一（京都市）
下級アイデアマン	眉村　卓（大阪市）
第三の天才	篠原靖忠（岡山県）
地には平和	小松左京（兵庫県）
殺人地帯	平井和正（横須賀市）
死者還る	徳納晃一（広島市）
宇宙都市計画	小隅　黎（目黒区）
他の世界から	豊田有恒（練馬区）
時間砲	〃
地球エゴイズム	山田好夫（静岡県）
ナポレオンの帽子	小野耕也（世田谷区）
宇宙艇発進せよ	野田祥太郎（中央区）
十八年後	淵上　[illegible]（佐賀県）

第一回ＳＦコンテストは詮衡結果発表がのびのびになり、応募者の皆さんに多大のご迷惑をおかけいたしておりましたが、このたび入選候補作品の決定をみましたので、ここに中間発表をおこないます。

上記の十二篇は、応募総数五八〇余篇中から、第一回、第二回の審査を通過して最終審査にのこったものです。

最終審査は、本月末、安部公房、半沢朔一郎、藤本真澄、田中友幸、円谷英二、早川清の諸氏によって構成される詮衡委員会、およびＳＦマガジン編集部によっておこなわれ、八月号上にその結果を発表、同時に第一席作品を同誌に掲載します。

発表が遅延しましたことを、あらためてお詫び申しあげます。

コンテスト詮衡委員会
ＳＦマガジン編集部

119

空想科学小説コンテスト
詮衡経過報告

計画』などとともに、ぼくが応募した『時間砲』、『他の世界から』の二作がタイトルだけ載っている。最終選考に二作残ったのは、ぼくだけであるから、印象に残っていたのかもしれない。手塚は、続けた。

「たしか、入選作は無しということでしたが、佳作第一席に山田好夫さん『地球エゴイズム』、第二席に眉村卓さん『下級アイデアマン』、第三席が、貴方の『時間砲』でしたね」

手塚は、SFマガジンの熱心な読者だったから、誌上で見かけたぼくの名を知っていたのだ。話しているうちに、だんだん判ってきた。手塚治虫という人は、相手が目下であっても、です、ます調で話す。権威主義的な人ではないから、自分を偉そうに見せかけるということをしない。また、若いクリエイターが大好きで、あれほど忙しいのに、いつ読むのかと不思議に思うくらい、新人の作品に目を通している。ぼくの場合も、最終選考に二編が候補として残っていたので、どんな奴かと、興味を抱いてくれたのかもしれない。しばらく、話し込んでいるうちに、お互いSFファンだと判ってきた。

これまで読んだ作品など、語りあううちに、なんだか意気投合してきた。ぼくは、肝心の用件を切りだすタイミングを、計っていた。

「先生、この作品を、是非とも先生の手で漫画にしてください」

考えてみれば、作家ですらない、作家志望者の原作で、漫画界の大御所である手塚に、マンガを書けというのだから、無礼者と言われて、つまみだされても文句を言えない立場だ。いま考えても、非常識極まりない頼みだ。手塚は、さすがに一瞬だけ言葉をつまらせた。『SFマガジン』の誌上でSFコンテストの入賞者として、ぼくの名を見かけていたから、勘弁してくれたのかもしれない。

「今、ぼくが、マンガにすることはできませんが、SFというのは、これからのジャンルだから、がんばりなさい」

当然のことだが、マンガにする話は断られたが、大いに励ましてもらい、いずれ出版社を紹介するから、頑張りなさいとも言われた。江古田のアパートへ戻っても、興奮が収まらなかった。あの手塚治虫に会えただけでも、嬉しくて眠れないくらいだった。

手塚式出版社回り

さすがに、出版社に紹介する話までは本気にしていなかったが、日ならずして、手塚の秘書から電話があり、手塚が出版社まわりに行くので、いっしょに連れていくから、すぐ来るようにという。さっそく虫プロへ駆けつけると、社長専用車の3ナンバーのプリンスグロリアで、あの偉大な手塚の隣に載せてもらい、講談社、光文社、小学館、集英社などに、初めて連れて行ってもらった。

都心へ着くまで、小一時間ほど手塚と話せたのは、大収穫だった。手塚は、先人に敬意を払う人だから、横井福次郎、小川哲夫の『不思議な国のプッチャー』を、ぼくが愛読していたと知って、気に入ってくれたようである。『不思議な国のプッチャー』とは、戦後まもなく少年クラブに連載されたSF漫画の始祖のような作品で、ぼくも子供のころ、熱心に読みふけったものである。

訪れた出版社では、手塚がSFコンテストの入賞者ということで、ぼくを大いに売りこんでくれたものの、おおかたの編集者の関心は、わざわざ手塚が出向いてくれたことにある。手塚が連れてきた若者、つまりぼくを、粗略には扱わないまでも、話を聞いてくれるわけでもない。光文社では、月刊誌『少年』の佐々木通憲《みちやす》が、SFの将来性について語るぼくの話に、耳を傾けてくれた。だいぶ後になるが、佐々木から連絡があり、『少年』に読み切りのSF絵物語を書かせてもらえることになった。のちに佐々木は、雑誌『SF宝石』を刊行することになるが、ぼくは、まっさきに連載を引き受けた。いわば恩返しである。

手塚が、わざわざ、ぼくを出版社へ連れて行ってくれたことには、今もって感謝しているが、どうやら、ぼくのためだけに、出版社を回っていたわけでもないと判った。手塚くらいの大物ともなれば、こちらから出向かなくても、編集者のほうが出向いてくれる。忙しい仕事のあいまを縫うようにして、手塚は、ときどき出版社回りをしていたようだ。そうすることによって、連載中の漫画に対する感想、アドバイス、批判など、直接に生で聴けるうえ、読者の反応など、また現在のトレンドなど、いわばコミュニケーションと情報収集の機会も得られる。手塚は、時代に敏感なクリエイターだった。自分が時代遅れになることを、何よりも恐れた。常に時代のトレンドには、目配りしていたのだ。

ぼくも、駆け出しのころは、『ＳＦマガジン』の早川書房をはじめ、出版社に呼びつけられることが少なくなかったが、後々忙しくなってからも、この手塚式のノウハウを見習ったものである。ぼくは、各社に出向くことの多かった作家と言えるだろう。趣味のバイクが、口実になった。バイクで出たついでに、近くまで来たから寄ってみたと言えば、相手の編集者も悪い気はしない。世間話のついでに、現在の出版界の傾向、トレンドなど、訊くこともできる。これも手塚から学んだノウハウの一つである。

実際に、編集部での雑談で得た情報が、役に立ったこともある。『タイムスリップ大戦争』は、架空戦記ＳＦの走りだが、これは、ぼくが訪れたとき、角川書店の今秀巳《いまひでみ》という編集者が呟いたことが、ヒントになった。第二次大戦の話題になったとき、今が、日本が勝ってしまう小説ができないものかと、何気なく口にした。そこで、この作品ができあがったわけだが、今は、タイトルには難色を示した。アニメのようで、小説らしくないというのだが、ぼくは押し切った。架空戦記ＳＦとしては、たぶん最初の作品だろう。ハードカバー版だけでも十五万部も売れるベストセラーになった。

その逆もある。ぼくの文庫を出してくれている出版社で、新たにバイク雑誌を出すという。そこで、愛車ＶＦ７５０Ｆで、颯爽と（?）編集部に乗りつけた。ホンダが発売したばかりのＶ型四気筒エンジンのニューモデルを、あらかじめ馴染みのバイクショップに予約しておいたので、都内で数台目に納車された。おそらく編集部も、まだ見たことがないだろうから、試乗レポートでも書いてやろうと思いたったのだ。編集部には、その社にしては、面識のない人ばかり数人たむろしていたので、名乗ってから、ＶＦ７５０Ｆで来たと告げた。すると、妙な返事が戻ってきた。「どういう、ご用件でしょうか?」という。

誰ひとり、発売されたばかりのＶＦ７５０Ｆに興味を示さないのだ。ぼくは、拍子抜けした気分だった。バイクマニアなら、新車を前にして、すぐさま見せてくれとか、跨らせてくれとか、エンジンをかけてみてくれとか、言いそうなものだが、まったく無関心なのだ。あとで訊きあわせてわかった。当時のバイクブームを当てこんで、バイク雑誌を出すつもりになったものの、編集部にはバイクが好きな人間が、一人もいなかったのだ。その雑誌は、間もなくつぶれた。書かなくて良かった。

『宇宙塵』の月例会

手塚治虫との次の出あいは、SF同人誌『宇宙塵』の会合の席だった。SFコンテストに入賞したものの、理系崩れで文章修業などしたことがない。勧められて、『宇宙塵』に参加したところ、主宰者の柴野拓美と出会えた。この出会いも、ぼくの人生の収穫のひとつになった。柴野も、まんざらアニメに縁がないわけではなかった。後にタツノコプロ制作のアニメ『新造人間キャシャーン』では、SF設定と監修を担当している。東工大卒で、高校の数学、理科の教師を長らく務めてきた柴野のおかげで、SF心に長けた人の少ないタツノコプロ作品としては、考証のしっかりした作品に仕上がった。

話が先走った。『宇宙塵』の月例会は、柴野宅に近い蕎麦屋の二階で行なわれたのだが、そこで後にSFの同志となる多くの人々と、知り合うことができた。御大の星新一をはじめ、広瀬正、光瀬龍、平井和正、野田宏一郎など、SF仲間ができて、おおいに話が盛り上がったものである。何度目かの月例会の席で、手塚治虫と再会した。手塚も以前から『宇宙塵』の同人だったのだが、ぼくが参加した後の数回は、締め切りに追われて、出席できなかったという。ぼくは、手塚に連れて行ってもらったおかげで、『少年』誌上でSF絵物語の原稿を書かせてもらえたという近況を報告した。手塚は、自分のことのように喜んでくれた。こうして、手塚をまじえて、同人たちは歓談を続け、おおいに盛り上がったものである。

手塚は、忙しい締め切りを縫うようにして、『宇宙塵』の月例会には、なるべく出席してくれた。その後、何度目かのとき、手塚は、同人仲間に重大ニュースを、打ち明けてくれた。『鉄腕アトム』のシリーズアニメ化を、計画しているというのである。われわれ全員が、快哉《かいさい》を叫んだ。SF界は、活字と映像のあいだに垣根がない。みんな『鉄腕アトム』のファンだから、我がことのように喜んだものだ。

ぼくは、やがて、日本アニメのオリジナルシナリオライターの第一号になるのだが、この時点では、まだ、ぼくの出番はなかった。

リミテッドアニメ、バンクシステムという手法

アトムのアニメ化が実現するまでには、多くの障害、多くの難関が、待ち構えていた。手塚が最初に危惧したことは、テレビ界の反応だったという。実は、『鉄腕アトム』は、これより数年前に、テレビ化されているのである。そのときは実写だったが、現在のようにCGが使える時代ではなく、それ以前に予算の制約もあり、仕上がりは酷いものだった。アトム風の帽子をかぶっ

た子役の少年を、ロープで吊って、空飛ぶシーンを撮影するなど、稚拙きわまりない出来で、視聴率も酷いものだった。その記憶があるから、テレビ局、スポンサーのサイドも、アトムと聞いただけで、しり込みをするのではないかと危惧したのである。

手塚は、なるべく製作費を押さえて、スポンサーが乗りやすい条件を作りたかった。しかしながら、アニメは、労働集約的な作業を要する。三十分もの一回分でも、大量のセル画を必要とする。全て手描きの絵である。実写版と比べると、遥かに製作費がかさんでしまう。当時、まだ日本は、それほど豊かではなかったから、欧米先進国より所得は低かったが、それにしても制作費のほとんどが人件費で消えてしまう。

手塚は、いろいろな工夫を試みた。ディズニーアニメの場合、劇場公開で世界のマーケットでロングランを続けるから、潤沢な制作費が使える。実写でもフィルムの齣数《こますう》は、毎秒24齣と決まっている。アニメでも、同様に作画すれば、動きは実写と同じようにスムーズになる。しかし、ディズニーと同じようなやり方では、コストがかさむばかりでなく、毎週一本という制作スケジュールをこなせない。ディズニーのフルアニメ（full animation）という手法に対して、手塚は、リミテッドアニメ（limited animation）という手法を考案した。平均で毎秒7〜8齣しか動かさないのである。ただ、あまり齣数を減らすと、どうしても動きがぎくしゃくしてくる。

そこで、戦闘シーンなどでは、なるべく多くの齣数を使うようにし、他のシーンで節約するのである。たとえば、精密な島の絵を描いておいて、カメラが寄っていく。そうすれば、島が次第に大きくなっていき、アトムの目線で、島めがけて降下していくシーンになり、絵は一枚で済んでしまう。つまり、そこで何秒分か稼げることになる。また、動かすべきシーンでは、充分に絵を用いて、いきなり動きを止める。歌舞伎でいう大見栄《おおみえ》を切るという手法と似ている。ここでも、絵の齣数を節約できる。

また、手塚は、バンクシステムという手法も採用した。アトムが飛ぶシーン、歩くシーン、段るシーンなど、なるべくフルアニメに近い動きで作っておき、背景を変えて、使い回しするのである。背景が空だったり、森だったり、ビル街だったりするだけで、同じ飛ぶシーンでも、違った感覚で観てもらえる。これによって、齣数の省力化は、かなり進む。

毎週一本のペースで、シリーズを放映するとなると、いくら省力化を図っても、膨大な人員が必要になる。手塚の呼びかけに応えて、多くの逸材が集まった。双璧とも言えるのが、山本暎一、坂本雄作のふたりである。山本は、横山隆一の「おとぎプロ」で、短編ながらアニメの経験がある。また坂本雄作は、東映動画で日本初のカラー長編アニメである『白蛇伝』に加わるなど、アニメの先駆者のひとりである。さらに、現在は存命でない人も少なくないが、順不同で紹介すれば、杉井ギサブロー、出崎統、勝井千賀雄、りんたろう、青木茂、富野由悠季、紺野修司などなど、のちのち、ぼくのオリジナル・シナリオを演出してくれることにもなる多くの人材が集まった。こうした絵のほうの大ベテランの活躍については、多くのアニメ史で語られているから、アイデア、プロット、シナリオとの関わりで、後ほど語るつもりだが、まさに多士済々《たしさいさい》だった。

カメラマンの浅井慎平の持論だが、クリエイターというものは、勃興するジャンルには、優秀な人材が競いあうようにして、まとまってデビューするものだそうである。

手塚は、絵のほうの人材を求めると同時に、はじめから文芸面も重視していた。もちろんアニメに絵は重要だが、アイデア、ストーリーが、ないがしろにされてはならない、というのが手塚の持論だった。石津嵐を文芸課長に据えるとともに、映画学科を卒業した多くの若者を採用した。かれらは、シナリオの勉強をした専門家だから、『鉄腕アトム』の原作漫画を、三十分ものシナリオに仕上げるため、腕を振るうことになる。

アニメ版『アトム』

こうして日本最初の本格的シリーズアニメ『鉄腕アトム』の制作が始められた。アニメの制作プロセスを簡単に説明しておこう。まず、シナリオ。そのシナリオをもとに、演出家が絵コンテを作る。実写映画でも、巨匠黒沢明のように絵コンテを作る人もいるが、アニメでは俳優が演技するわけではないから、現場の監督のような職掌はなく、この絵コンテが、監督に代わる役割になるから、たいへん重要である。絵コンテは、それぞれのシーンを、カット割りにして、おおよその秒数を算出して、アニメーターに渡される。

アニメーターは、絵コンテを基にして、下からの照明がある動画机に半紙を置いて、少しずつ異なる絵を、描いていく。これを連続して、動かしてみると、動画になるわけだが、半紙のままでは、背景と重ねることはできないから、セル板に写しとらなければならない。セル板は、もともとセルロイドで造られていたが、可燃性があるため危険なので、今では燃えにくく、より透明度の高いアクリル板が使われるが、呼び方のほうは材質が変わってもセル板のままになっている。半紙に描かれた絵の輪郭をセル板に絵の具の線で移す作業が必要になり、このトレースと呼ばれる工程のため、一つのセクションが設けられる。

その次に、輪郭だけ描かれた絵に、絵具を塗っていく彩色というセクションが続く。彩色と言っても、当時のアニメは、モノクロだから、白黒の濃淡の絵の具を、使い分けるだけなのだが、トレース、彩色、背景、撮影、編集など、順番に作業を進めるため、進行というセクションも必要になる。その後は進行もシステム化されるのだが、初期には、モノクロでも失敗が起こった。登場する恐竜が、次のシーンでは、やけに黒っぽかったりする。色指定にミスが出て、一段階だけ濃くなってしまったのである。

三十分もので、おおよそ四千枚の原画が必要になるが、それだけでは作業は終わらない。最終的にセル板と背景画を集めるのも進行の仕事である。そのセル板を背景画の前において、順番に一枚づつ撮影しなければならない。これも根気のいる仕事で、順番を間違えたりしたら、たいへんなことになる。ビデオなどない時代だから、16ミリのフィルムで一枚ずつ齣《こま》撮《ど》りの撮影をする。

現像されたばかりのフィルムを、担当者が試写で観るわけだが、なんとも退屈で面白くない。多めに撮影したままで、編集していないから間が抜けて見えるのだが、なにより致命的なのは、まだ音が入っていない点である。アニメにとって音が、どれほど重要か痛感させられる。虫プロは、東映以外では、アニメの総合制作を行なえる数少ないプロダクションだが、さすがに録音までは自前ではできない。編集したフィルムを持参し、六本木のスタジオに出むいて、効果音、音楽、台詞などを録音して、初めて完成となる。アトムの声を担当した清水マリは、声優の草分けで、ずっと変わらなかった。現在は声優ブームで大人気の職業だが、当時は裏方のような存在にすぎず、いろいろ苦労があったと、うかがったことがある。

こうした一連のプロセスで制作されるアニメだけに、製作費がかさむ。当時の試算で百万円を越えていたというが、手塚は、スポンサー、テレビ局サイドには、八十万円と説明していた。先に上げた実写版アトムの失敗が、心に残っていたので、なんとしてもアニメ版を実現したかった。そのため、安い制作費で済むと、持ちかけたのである。それでは、差額の二十万円は、どうするのか。手塚は、雑誌連載を増やして、補填するつもりだった。金銭に執着しない手塚らしいエピソードである。

やがて、手塚は、『鉄腕アトム』のパイロット版が完成したとき、まっさきに『宇宙塵』の会合で上映会を開いてくれた。ぼくも、星新一、平井和正、光瀬龍、広瀬正、伊藤典夫など、同人のSF仲間といっしょに視聴して、おおいに感動したものだが、よもや、やがて自分自身が、アトムに関わるとは、その時点では夢にも思わなかった。

2

エイトマン誕生！「細胞具」って、なに？

同期入賞の仲間たち

いわゆる第一期SF作家は、江戸川乱歩に認められて、いち早くデビューしていた星新一を除いては、みなSFコンテストの同期入賞だから、年齢、収入、経歴などは異なっても、スタートは同じだった。同期入賞などと言うと、まるで官僚の世界のようだが、あちらは同期入省でも、こちらは同期入賞で、同じ発音ながら一字違いになる。

同期入賞の仲間のうち、特に平井和正とは、同年ということもあって意気投合した。ぼくのほうは、受験勉強に溺れて、高校時代を棒に振ってしまったから、ほとんど読書らしいことをしていない。それに対して平井は、読書家であるばかりでなく、良い意味での文学青年でもあった。あとで判ったことだが、中央大学の同人誌『白門文学』で健筆を振るっていたという。学生同人誌といっても、慶応の『三田文学』、早稲田の『早稲田文学』などと並んで、『白門文学』くらいの有名誌ともなると、文芸誌の同人誌評でも取り上げられるほどで、口うるさい文学青年の活動の場だから、それなりの文学的な素養がないと、活躍できない。平井は、文学についても、一見識を持つ男だった。

平井和正とは、すっかり仲良くなり、マージャン、ボーリング、スキーなど、いつもつるんでいるような間柄だった。ある日、平井と映画を観にいった。題名は想いだせないのだが、なにか三流のSF映画だった記憶がある。ロビーに出たところで、平井が、ざわめきはじめた。ぼくは、何か判らないので、訊いてみた。

「おい、見ろよ。あの女の子、SFマガジンをもっているぞ」

平井は、興奮している。当時、SFは、まだ世の中から認知されていなかった。女性のSFファンは、珍しい。

「おい、お前、ちょっと話しかけてみろよ」

こういうとき、平井は、照れ屋だから、ぼくに押し付ける。仕方なく話しかけると、色の黒いエキゾチックな顔立ちの若い女性だった。朝香富久子という人で、後に美苑《びえん》ふうというペンネームでSFイラストなどで、セミプロとしての仕事も残した。型破りな人で、ユニークな言動から、SF、アニメファンの世界では、有名人だった。実は彼女、朝香宮家という皇族として生まれたため、周囲に気配りしないため、誤解を招きやすいのだが、きわめて純粋な人だった。つまり、お姫《ひい》さま育ちだったので、周りを気にしないのである。

そのため、ぼくは、変わった人をナンパして連れてきたと、SF同人誌『宇宙塵』の仲間から文句を言われたこともある。『宇宙塵』のメンバーとも、かぶっているのだが、SFファンの集まりで『一の日会』というものがあった。渋谷の『霞』という喫茶店に、一のつく日に集まって、ＳＦのこと、漫画アニメのことなど、語り合う。この仲間には、けっこう女性も多かった。そのなかの女性メンバーから聞いた話だが、あるとき、女性ばかり数人が、原宿でお茶を飲んでいた。すると、美苑ふうが、中座しかけた。そこで、他の女性たちが、急ぐのかと訊いてみると、こう答えたという。

「この近くに、ひいおじいさまのお宮があるから、拝んでから帰る」

美苑ふうは、帰ってしまう。他の女性メンバーは、あっけに取られていた。ひいおじいさまのお宮とは、なんのことか、一瞬わからなかったからだが、明治神宮のことだった。たしかに彼女は、明治天皇の曾孫にあたる。世が世なら、われわれ下々の人間は、お近づきにもなれなかった。こんなわけで、彼女は、ＳＦファンの世界を、いろいろ掻きまわしたが、もともとは、平井が、ぼくにナンパするように命令したせいだったのだ。この美苑ふう、亡くなったと聞いている。

平井和正との切磋琢磨の日々

平井とは、こんなヒョンな体験もしたのだが、ボーリング、マージャン、ナンパなどしていたばかりではない。お互いに書いた作品を、批評しあったり、切磋琢磨する日々でもあった。

のちに『幻魔大戦』の大ヒットなどで、大人気を博す平井和正だが、大学を転々として、まだ学生の身分だったぼくと違って、いち早く社会人になった。そのころから、漫画、アニメの申し子のような素質は、すでにスタートしていた。平井は、横須賀工業高校から中央大学へ進んだ。ただし、大学のほうは、司法試験の名門大にしては、あまりパッとしなかったらしい。なぜなら、一生の仕事につながる目的意識を、すでに抱いていたからだ。それが、文学だった。平井は、中大の学生同人誌『白門文学』で、健筆を振るっていたことについては、前に触れた。のちに、ぼくも平井の紹介で知り合うようになる、本間俊太郎元宮城県知事は、平井とは『白門文学』の仲間だったが、当時の平井が、熱心な読書家で、純文学から翻訳ハードボイルド小説まで、手あたり次第に読みまくっていたと、証言してくれた。

平井は、日本マーチャンダイジングという会社に勤めていた。小さな会社だが、そのころ人気だったアメリカのハンナバーベラ社のアニメ「早射ちマック」や「原始家族フリントストーン」などを輸入している。平井が、就職したと聞いたSF仲間の一人が、早とちりでマージャン台の会社と勘違いした。今なら、パソコンでも変換するが、マーチャンダイジングなどという単語は、まだ珍しかったのだ。

平井は、ここで、得意のタイプライターの腕を生かして、英文コレスポンデンスを行なっていた。英文タイプだが、平井は、工業高校の出身だけに、メカっぽいものは大好きで、のちにワープロ、パソコンなども、もっとも早く使い始めた作家の一人だろう。この工業高校という経歴は、あまり評価されていないのだが、平井の素質のうち、大きな要素となっている。

ある日、平井が、『少年マガジン』を持ってきた。そこには、SF漫画の原作募集という広告が載っていた。人気漫画家の桑田次郎が、少年マガジンの内田勝《まさる》編集長に、頼みこんだ企画だという。桑田は、人気漫画家として『まぼろし探偵』など、多くのヒットを飛ばしたものの、アイデアが尽きていた。そこで、桑田自身が、内田編集長に対して、有望な若手の原作者付きで、新作に挑みたいと申し出た。そのことがあって、オーディションにつながったのだというが、その時点では、編集部の裏事情について、ぼくたちは、何も知らなかった。平井は、応募するつもりで、たいへん乗り気になっている。

平井は、おまえも応募しろと、ぼくにも勧めてくれたのだが、得意のタイムトラベル物ならともかく、その時点ではロボットテーマのSFは書いていなかったので、断ることにしたものの、平井が応募した原作の経緯は、逐一聞かされていた。

『エイトマン』誕生

平井は、SFの祖H・G・ウェルズの『新加速剤』の能力を、ロボットテーマにアレンジした設定にしたいという。ぼくも読んでいるが、ウェルズの『新加速剤』は、人体の運動能力を、加速するというアイデアで、常人の何十倍ものスピードで動けるようになる薬を、マッドサイエンティストが発明するというストーリーである。物語の結末を明かすのは、特にＳＦやミステリーでは、タブーだというが、百年以上も前の作品だから、勘弁してもらうとして、超高速で動ける能力を悪用した主人公は、やがて急速な老化で破滅することになる。

平井は、超高速能力を、応募する作品のロボットに応用した。その際、ロボットなら、電気信号で動きをコントロールするわけだから、人間の数百倍ものスピードを可能にするという、ＳＦ的な説明も忘れなかった。また、ロボットなら、いくら超高速で動いても、急速に老化する副作用を受けない。プロのＳＦ作家が考えたことだから、よくできた設定になっている。

『エイトマン』コミックス
「スーパーパイロット」

こうして、この作品『エイトマン』で、平井は、少年マガジンの原作アイデア募集に応じることになった。平井は、純文学にも詳しいが、レイモンド・チャンドラー、ロス・マクドナルド、ダシール・ハメットなど、ハードボイルド小説にも造詣が深かった。単に超高速ロボットというＳＦ的なアイデアだけでなく、小説的な設定にも凝りまくった。

なぜ『エイトマン』かというと、当時の人気番組に『七人の刑事』という作品があった。警視庁捜査一課には、七人の刑事がいる。これは、事実である。エイトマンは、八番目の刑事という設定で、殉職した東《あずま》刑事の記憶を電子頭脳に転写したと説明されている。つまり人間であって、人間でない苦悩も、描かれている。人間でなくなってしまったジレンマは、恋人との関係にも影響してくる。エイトマンの恋人幸子さんは、平井自身の恋人の名であり、のちに平井夫人となる中大の同級生の名である。

平井もぼくも、少年マガジンの発表を心待ちしていた。当時、SF仲間は、みな運命共同体のようなものだったから、どこかメジャーなところで、SFが取り上げられるのを、期待していた。ぼくの作品ではないが、構想の段階から聞かされていたから、まるで自分のことのように、思えてきたからだ。はたして、平井の作品が入選となった。ぼくだけでなく、SF仲間みんなが祝福し、連載の開始をおおいに楽しみにしていた。こうして『エイトマン』が誕生することになる。

『エイトマン』のテレビ化

少年マガジンに連載されるなり、『エイトマン』は、たちまち人気を博し、やがてテレビ化の話が持ちこまれた。当時、放映され始めた『鉄腕アトム』は、大人気となった。他のテレビ局も、まだアニメという名すらなかったテレビ漫画に、興味関心を抱きはじめた。『鉄腕アトム』の次にスタートしたのが、横山光輝原作『鉄人28号』で、その次が『エイトマン』である。日本のアニメシリーズが、最初の三作ともにロボットテーマだったことは、偶然ではない。いよいよSFが世に受けいれられる機運が高まっていたからだ。

フジテレビをキー局とした『鉄腕アトム』に対して、『エイトマン』のテレビ化を企画したTBSは、おおいに力を入れていた。その間の事情は、平井から聞かされていた。TBSでは、漫画ルームという一室を準備しているという。この部屋は、高橋圭三ショーの打ち合わせに使われた由緒ある場所だという。ちなみに高橋圭三は、NHKから初めてフリーになり、日本最初の民放ニュースショーの司会者を務めたテレビ創世記に活躍した人である。平井から、テレビ化の経緯を逐一きかされていたので、そのときは友人として喜んでいるだけだったが、ある日、平井から思いがけない頼みを、打ち明けられた。

「実は、おまえにも、手伝ってほしいんだ」

「だって、おれ、シナリオなんて書いたことがない」

そんなやりとりがあったあと、ぼくは、平井にTBSへ連れていかれた。なにかの確信があったわけではないが、なんとなく面白そうだと感じた。医学部を追い出され、武蔵高校を卒業した縁で、武蔵大学へ入れてもらったものの、受験勉強に溺れて人生を誤ったあとだけに、今さら学業に精を出そうなどとは、露ほども考えていなかった。なにか打ち込めるものを探していたとき、SFに出会ったのである。

『エイトマン』は、少年マガジンの連載がスタートしたばかりだから、ストーリーのストックなどあるわけがない。毎週一話ずつ、エイトマンが登場する違うストーリーが必要になる。その点、『鉄腕アトム』は、巨匠手塚治虫が、テレビ化にいたるまで十四年間にわたって連載したストーリーがあるから、それをテレビ用にシナリオ化していけば、まったく困らない。

平井は、一人では、とうてい毎回のシナリオを賄えないので、ぼくを巻き込んだのである。平井は、一緒にSFコンテストに入選して以来、ぼくが文章は下手だが、アイデアマンだということは判っている。原作といっても、連載中のストーリーしかないわけだから、エイトマンという主人公を使って、原作にないオリジナルなストーリーを、ぼくに書いてくれというわけだ。

平井に連れられて、赤坂のＴＢＳに行った。初めて見る世界だから、なにもかも新鮮だった。漫画ルームへ向かうのは、ルートが複雑である。一ツ木通りに面した本館の玄関から入ると、美人の受付嬢が、丁寧に応対してくれる。エレベーターで三階まで行ってから、新館の連絡通路を通って、またエレベーターに乗り、五階へ行く。つまり本館の三階が、新館の一階になっているのだ。廊下で軍服姿の男性に出くわし驚いて、しげしげと眺めてしまった。タレントが、番組の衣装のまま歩いていたわけだ。まるで別世界に入りこんだようで、かなり緊張していた。

平井が、ＳＦコンテストの入賞者だということを、前もって売りこんでおいてくれたので、漫画ルームにつくなり、ふたりの中年男性から笑顔で迎えられ、やや緊張がほどけた。これが、プロデューサーの三輪俊道、ディレクターの河島治之《はるし》との出会いだった。

シナリオの書き方

一九六二年末、テレビの興隆期だった。テレビマンという人種は、新しい職業として、大いに注目されるようになっていた。しかし、ぼくが出会ったふたりは、華やかなスター業界人とは見えず、実直そうな初印象だった。そのため、ぼくの緊張も和らいだ。世間話のようなことをしながら、自己紹介のようなことを済ますと、さっそく用件を切り出された。

「ひとつ、エイトマンを使ったストーリーのシノプシスを書いてみてくれませんか」

三輪が口火を切ったのだが、ぼくには通じなかった。シノプシスの意味が判らなかったからだ。今なら、パソコンでも変換するが、シノプシス（synopsis、梗概《こうがい》）は、業界用語の域をでるものではなかった。

「シノプシスって、なんですか？」

「梗概、あらすじ書きです」

三輪は、軽蔑するふうでもなく、親切に答えてくれた。その日は、雑談だけで帰った。さっそく、エイトマンを主人公にした物語を考える。思いつくままに、原稿用紙にして六、七枚ほど書きつけて、ＴＢＳへ持参した。これが、ぼくのデビュー作『消音ジェット機』である。今でいうドローンのようなもので、空中から密かに忍び寄り、現金輸送車を吊り下げて略奪する作戦を、エイトマンが阻止するというストーリーだった。そのシノプシスを持参してＴＢＳへ行くと、すぐにシナリオにしろと頼まれる。

「シナリオって、どうやって書くんですか？」と、ぼく。

「教えてあげますから、ともかく書いてください」と、プロデューサー。

この三輪俊道、もともと女子高の英語教師だったが、テレビというものができるというので応募し、面白そうだと感じて、ＴＢＳ入りしたという。アニメどころか、もともとテレビも素人だったのだ。自分がテレビ界へ入ったときのことを、覚えていたからだろう。三輪は、河島と変わりばんこのように、付きっきりで親切に指導してくれた。今なら、と「ズーム」など、一般用語だが、当時は、こうした用語からして、業界人のほかは知らなかった。

泥縄式という言葉がある。泥棒を捉えたところ、そのままでは逃げられてしまうから、縛りあげるため縄を綯《な》う。つまり、まったく準備がなく、計画性のない譬えだが、泥縄式というからには、少なくとも縄の綯い方は、知っているという前提だろう。しかし、当時のぼくは、縄の綯いかた（シナリオの書き方）すら知らなかったのだから、泥縄式以前の状態だったのだ。用語からして、まったく知らない。爆発の大きな音、などと書いておくと、こういう場合は、SE爆発と書いておいてくださいと、指示される。SEとは、音響効果（sound effect）の略である。

三輪と河島の熱心な指導のおかげで、まもなくシナリオが書けるようになった。だいぶ後になってから聞かされた話だが、最初、TBS側としても、プロの脚本家に『エイトマン』のシナリオを依頼したのだが、誰も引き受けてくれなかったという。なかには、そんな漫画の仕事などできるか、馬鹿にするなと、怒り出す人もいたそうである。アニメという言葉すら存在しなかった時代である。無理もない話だった。

それだけに、三輪も河島も、原作者の平井が連れてきた大学生、つまりぼくを、なんとしても養成しなければならなかったのである。なかでも、河島は、絵になるようにと、あれこれ映像的なアドバイスをくれた。それには、TBS側の制作システムの問題もあった。河島自身、シリーズアニメは、まったく初心者だった。河島は、美術部に所属して、番組のタイトルデザインを担当していた。ただの絵では面白くないので、線画に毛が生えたような簡単なアニメを、制作したことがあるという。のちにライバルである虫プロからも、一目おかれる存在になる河島だが、元をただせば、この程度の経験からスタートしたのだった。

河島治之というスーパーマン

平井和正は初めて漫画の原作を手がけたばかり、プロデューサーの三輪は女子高の元英語教師、ディレクターはタイトルデザインしかやったことがない。シナリオライターは大学生。まったく素人の寄せ集めだけで、シリーズアニメを制作しようというのである。いま考えれば、無謀そのものだった。

ともあれ、河島が、ひとりで絵コンテを仕上げる。これが、どれほど偉大なことだったか、のちに手塚に誘われて『鉄腕アトム』を手掛けるようになってから、まさに実感できた。手塚の虫プロでは、毎週ごとにチームを組んで制作するから、ディレクターは、毎週交代するわけだが、TBSには河島治之というスーパーマンがいて、たった一人で毎週の絵コンテを担当していると、ライバル会社の虫プロでさえ、半ば神話化されていたほどだ。

また、河島は、ナメの河島と異名を取るまでになった。ナメとは、業界用語で、手前にある何かが一部だけ見えていて、その向こうにある対象が写る手法である。例えば、肩ナメなどという使い方をする。手前の人物の肩だけ写っていて、その向こうの人物が喋っていたりする場面である。肩ナメは、実写でも会話のシーンなどで、よく使われるが、河島は、ナメられるものは、なんでもナメると、豪語していた。当時、テレビカメラは、たいへん大きかった。そこで、絶対に実写では撮れないカメラアングルの絵を、ナメの手法で可能にしようと考えたのである。

大評判になったのが、デフナメというアングル。車の追跡シーンなどで、後輪駆動のデフ（差動装置《ディファレンシャル・ギア》）をナメて、後ろから追ってくる相手の車の車のヘッドライトが見えているシーン。つまり、あたかも車の下にカメラがあるかのような撮影方法である。当時、そんなことを可能にするテレビカメラは存在しなかったから、実写では不可能なカメラアングルである。

また、拳銃を握った片手だけをナメて、脅されている相手を描くアングルもあった。これも、実写に使う大きなカメラでは不可能である。アニメだからできるナメの手法をおおいに活用したのである。

ただ、ＴＢＳの制作システムは、絵コンテまでである。そこから先は、漫画ルームの手を離れて、制作プロダクションに任される。ＴＣＪ《ティーシージェー》という会社で、正式にはTelevision Commercial of Japanと言い、日本テレビジョンという有名なキー局と紛らわしい社名を名乗っていた。テレビＣＭのアニメを制作しているのだが、ＣＭだから数十秒という程度の長さで、三十分もののシリーズアニメなど、まったく経験がない。

河島が描いた絵コンテを、ＴＣＪ側に渡すのだが、それを元にして、動画を作成するわけだから、細部では打ち合わせが欠かせない。

そこで、ＴＣＪのスタッフが、漫画ルームを訪れる。アニメという言葉すらない時代である。登場する人物、メカなど、専門のセクションがあるわけではないから、シナリオだけではイメージが湧きにくい。平井、三輪、河島はもちろん、自分が書いたシナリオの場合は、ぼくも立ち会って説明することになる。ＴＣＪ側からは、事務的な折衝を担当する幹部の村田英憲と、動画監督の鷺巣政安、大西清などが、漫画ルームに出向いてくる。ぼくは、かれらＴＣＪ側の人とも、話す機会ができた。

仕事の話が一段落して、雑談になったとき、たまたま村田と自動車の話になった。ぼくも、ときどき家のブルーバードに乗ることがあるので、カーマニアのつもりだった。初代のブルーバードは、テールランプの形から〈柿の種〉というニックネームで、よく知られていた。しばしばバッテリーが上がったが、それでもエンジンをかけられる。フロントバンパーに穴があいていて、エンジンのクランクシャフトと直結している。その穴に、トランクに装備されている曲がった鉄棒を差しこみ、力いっぱい回すと、エンジンが手動でかけられる。バイクのキックスタートと同じ原理だが、千二百ＣＣの排気量だから、力ばかりでなく、コツが必要になる。今ではバイクも、セルモーターでスタートできるのだが、当時は、四輪車ですら、手動でエンジンをかけられたのだ。

話が横道にそれた。村田とは、お互いカーマニアだと判って、意気投合したものの、話しているうちに、ぼくごときが、とうてい及びもつかない知識だと判ってきた。村田は、どんな外国車についても、知らないということはない。

あとで判ったことだが、村田は、カーマニアもカーマニア、大学自動車連盟の委員長だったこともあり、もともと梁瀬《やなせ》自動車（現ヤナセ）の社員だったという。実は、ＴＣＪは、外国車輸入の最大手である梁瀬自動車の子会社で、シリーズアニメ制作にあたって、村田が親会社から出向してきたのだ。自動車雑誌で読んだ程度の知識しかないぼくには、とても太刀打ちできないのも、まさに当然だった。まったく別な業種だから、その経緯はしらないが、梁瀬《やなせ》自動車が、ＴＣＪという子会社を設けてくれたことが、日本アニメ発展の礎《いしずえ》のひとつになったことも確かだろう。

村田とは、平井和正もまじえて、たびたびカー談議を重ねたものだった。平井にもカーマニアの時期があったという話は、あまり知られていないのではないだろうか。はじめ車に慣れるため、平井は千五百ＣＣのスカイラインを中古で買ったものの、まだ、車庫の手配がつかなかった。そこで、ぼくが、練馬のアパートの近くで、預かった。朝、出かけるとき、自分のブルーバードと、平井のスカイラインと見比べて、どちらの車に乗って行くか、迷ったものだった。モータリゼーション未《いま》だしの時代、贅沢な話だった。

平井は、中古のスカイラインで運転に慣れたあと、新車で初代スカイラインＧＴを手に入れる。しかし、この車、一年も乗らずに、免許を返上して手放してしまった。ある日、平井は、青梅街道を走っていた。わき道から、新聞配達の少年の自転車が、一時停止をせずに、平井のスカイラインGTの横腹に突っ込んできた。少年は、転倒して軽傷を負っただけだったが、こういう場合、まったく落ち度がなくても、過失相殺ということになってしまうという。平井は、相手の少年の治療費や見舞金を負担しただけでなく、なんと思い切って免許を返上してしまった。その時の言い分だが、落ち度がなくても、事故が起こるようなものに、乗っているわけにはいかない、というものだった。ぼくは、なにも免許まで返上することはあるまいと、しきりに止めたのだが、平井は、聞き入れてくれなかった。

細胞具?

ある日、ぼくが書いたサイボーグ・テーマのシナリオをめぐって、平井と意見が対立した。

「いきなりサイボーグが出てきて、安易だよな」

「安易とは、なんだよ!」

「こんないい加減なシナリオを書くなよ」

「いい加減とは、なんだ!」

こんなやりとりのあと、ふたりとも若かったから、殴り合い寸前というほど激昂してしまった。ふと三輪のメモに目をやると、細胞具と書いてある。ぼくは、思わず顔をほころばせてしまった。平井も、拍子抜けしたらしく、同じくメモを見やる。細胞具と書いてあるのを見て、平井も笑いだした。サイボーグ（cyborg）のつもりだったのだが、三輪は初めて聞くSF用語なので、苦心してこの漢字を当てたのだ。おかげで、友情は保たれた。当時、専門家かSFマニアのほか、誰もサイボーグという単語など、知らなかったのだ。

実は、この話には、後日談がある。平井和正の版権管理などをしている有限会社ルナテックの本城剛史が、証拠資料を見つけてくれた。「サイボーグ人間X」というタイトルで、ぼくの脚本となっている。しかし、『エイトマン』三十話では「サイボーグ人間C1号」というタイトルで、平井の名で発表されている。おぼろげな記憶を辿ってみると、当時、確かキャンセル稿料を貰った記憶がある。もめたあと、平井が完全に改稿して、自分の名で発表したのだろう。当時の、俺＝お前といったふたりの友情からみて、ぼくが、平井に譲ったものらしい。アイデアでは、引けを取らない自信があるが、ストーリーテリングの才能では、平井のほうが、ぼくより遥か上だったからだ。

TBS漫画ルームには、いろいろな人が訪れた。のちに直木賞を取る半村良も同期入賞の仲間で、近くの広告代理店に勤めていたので、ときどき遊びに来て、三輪や河島も交えて飯を食うこともあった。冗談半分に、シナリオがなくて苦労しているんだから、只飯《ただめし》を食ってばかりいないで、あんたも手伝ってくれと、平井が言ってみた。すると、約束通り、半村はシナリオを書いてくれた。

半村の二本目のシナリオに、三輪がすっかり惚れこんでしまった。『台風男爵』というタイトルだった。エイトマンに協力するイギリス紳士が、カッコよく描かれている。三輪が、すっかりほれこんで、このサブキャラクターを使って、もっと書いてくれと頼みこんだほどだ。このキャラクター、事件を解決して、エイトマンと別れ際に、名を聞かれて、こう答える。

「ボンド、ジェームズ・ボンド。イギリス諜報部MI—6所属、007《ダブルオーセブン》」

三輪が007ことジェームズ・ボンドを知らなかったのも無理はない。イアン・フレミングの原作は、翻訳されて（創元社刊）はいたものの、『エイトマン』の企画段階では、映画第一作『ドクター・ノー』は、まだ封切られていなかった。半村のシナリオは、ほぼ半年後、『ロシアより愛を込めて』に先立つ、007の第二作（?）ということになる。今なら著作権侵害で、訴えられる場面だろう。いくら三輪が頼んでも、これ一作限りで、半村は、半村版007を、もはや書いてくれなかった。

『エイトマン』のシナリオ代は、一本あたり税込みで二万円。源泉徴収されて、手取りは一万八千円である。大卒初任給が、ちょうど一万八千円くらいのときだ。じゅうぶん食えるはずだが、若かったから、飲み代、デート代などに、あっというまに消える。有り金が、底を尽きかけると、緊縮生活だが、なんとか次のシナリオ代を貰うまで、食いつなげる。スポンサーが、丸美屋というふりかけメーカーだから、ロングセラーのりたまをはじめ、エイトマンふりかけなど、ふりかけに不自由はしない。米だけ買っておけば、どうにか食べられたのである。

そのころ平井は、横須賀の実家から通っていた。『エイトマン』のヒットで、呑む機会が増えたようで、横須賀まで帰れなくなると、ぼくの練馬のアパートへ転がりこんでくる。昔の木造アパートで、トイレ、キッチンは共用で、深夜には大家さんが、玄関の鍵を閉めてしまう。

平井は、隣家との境の塀を乗り越えて、二階のぼくの部屋のガラス窓を開けて、侵入してくる。初めての時は、びっくりした。たまたま疲れて早寝をしていたところ、ガラス窓が開いて、黒い影が侵入してくる。泥棒でも入ったかと、驚くのも当然だろう。平井に言わせると、いくら呑んでも、隣家の塀を登れるだけの余力は、残しているのだそうだ。翌朝は、スポンサーから貰ったエイトマンふりかけで、いっしょに朝食ということになる。

筒井康隆にも、たまたま、ぼくのアパートに泊めたとき、ふりかけ飯を食わせてしまった。以前、筒井の大阪千里の豪邸に居候同様に泊めてもらったときは、母上の豪勢な手作りの朝食でもてなしてもらったものだ。その恩情に報いるのに、ふりかけ飯だから、ひどい話だった。筒井は、もう二度と泊まってくれなかった。

シナリオが上がると、三輪か河島が、かならずＴＢＳ地元の赤坂〈津つ井〉で、テキ丼（ビフテキ・ドンブリ〉を、ご馳走してくれる。貧乏学生だから、世の中に、こんな美味いものがあるかと、感激したものである。もしかしたら、物書きで食べて行けるのではないかと、確信を持てるようになったのは、この〈津つ井〉のテキ丼のおかげかもしれない。

ぼくは、ビールは、ずっとサントリー党なのだが、TBSのラウンジのビールが、サントリーだったためだ。当時、ビール業界に参入したばかりのサントリーは、北欧風ビールという売りで、やや緑がかった色合いが面白かったので、それ以来ずっと呑んでいる。

リアリティの重視

『エイトマン』は、高視聴率を上げ、『アトム』、『鉄人』と、視聴率を競い合っていた。それぞれ、視聴者の年齢層も異なっていた。アトムは、小学生から中高生まで、まんべんなく視聴率を稼いでいた。鉄人は、小学校低学年に特化している。これら先行する二作品と比べると、『エイトマン』は、小学校高学年から中高生と、かなり高い年齢層に受けていた。視聴者の年齢層が高かったのは、平井の原作の意向のせいである。

平井は、作品の背景として、米ソ対立という世界観を、重視しようとした。もちろん、露骨に米ソとは言いにくいので、アメリカを思わせるアマルコ共和国と、ソ連を想定したソラリア連邦とを、対置させる設定を活用しようと、申し合わせた。また、近未来SFアクションという番組の性格から、新兵器など登場させることも少なくないのだが、これら二大超大国にからめて、由緒由来をきちんと設定しようと主張してもいた。漫画の世界では、小説に先駆けて、SFめいた作品も現れているが、途方もなく高価そうな新兵器、メカを、一個人が安易に作ってしまったりすると、リアリティが失われる。平井は、こうした一連の傾向に反発していたのだった。

新兵器を登場させる場合は、どこで作られたか、どういう経緯でエイトマンと対決するようになったかを、ストーリーと絡めて、説明しようという打ち合わせになっていた。

『エイトマン』ソノシート
「サラマンダー作戦」

ぼくは、『エイトマン』二十四話で、「サラマンダー作戦」というオリジナルシナリオを書いた。ソラリア連邦の秘密研究所から、パイロットが飛行戦車サラマンダーを盗み出して、日本へ亡命してくる。実は、このストーリーは、十三年後に現実となってしまう。飛行戦車ではないが、最新鋭戦闘機ミグ25に乗って、ソ連空軍のベレンコ中尉が函館に強行着陸する事件が発生した。べつだん予言者を気取る気はないが、『エイトマン』がいかに国際情勢を読んで、リアリティを重要視したかの証明にはなるだろう。

また、二十六話では、「地球ゼロアワー」というシナリオを書いた。アマルコ共和国の基地から、ICBM（大陸間弾道ミサイル）が、誤って発射されてしまい、東京めがけて飛んでくることになる。アラスカあたりの基地を想定すると、ICBMは三十分以下で到着してしまう。そうなれば、東京は水爆の爆発で、完全に壊滅する。

ここで、はたと思いついた。エイトマンは、超高速で動ける。そこで、番組内の時間を、現実の時間に同調させようと考えたのである。三十分番組と言っても、CMを除けば二十二分ほどだから、その時間以内にICBMの弾頭を破壊する特殊なレーザーを、手に入れなければならない。エイトマンは、最新のクリスタルレーザーのある研究所を襲撃し、パトカーを引っくりかえすなど、大暴れした末、レーザーを手に入れ、自身の小型原子炉のエネルギーを使って、間一髪というところで、東京めがけて突入してくる核ミサイルの弾頭を破壊する。

現実の時間と番組内の時間を、同調させるというアイデアは、いまならアメリカの人気テレビ番組『24』などがあるが、たぶん、『エイトマン』が世界最初だろう。迫力を出すため、東京壊滅まであと何十何分何十秒というテロップを秒単位で出して見せたのが、緊張感を盛り上げたのだろう。大好評だった。

クリエイターというものは、受けた記憶は忘れないものである。ぼくは、この手を、ずっとのちに『宇宙戦艦ヤマト』の設定を引き受けた時、また試してみた。こんどは、地球滅亡まで、あと何日というテロップを出したが、これも大好評だった。

身の振り方を考える

『エイトマン』の放映なかばのころ、ぼく自身の身の振り方を、そろそろ考えなければならなくなった。合計七年在学した大学だが、とうとう武蔵大学の卒業の日が迫ってきたのである。もちろん、生きていかなければならないから、商社やマスコミなど、あちこち入社試験を受けたものの、優など数えるほどしかないから、みな落とされた。ぼくは、入学試験は、東大をはじめ落ちたことがないが、入社試験は一度も受かったことがない。このまま、シナリオライターを続ける自信も、まだなかったので、不安に感じないこともなかった。

そんなとき、あの手塚治虫から電話をもらった。『エイトマン』の仕事を観ている。あの才能を二年目に入った『鉄腕アトム』のオリジナルシナリオで生かしてみないかと、手塚みずからが丁重に頼みこんできたのだ。こうして、手塚のもとで『アトム』のシナリオを書くことになるのだが、詳しくは次章以下に譲るとして、しばらく『エイトマン』の仕事も続けることになる。

ＳＦ作家平井和正の原作だけあって、エイトマンの基本設定は、ユニークなものだった。いかにユニークだったかは、大ヒットした映画『ロボコップ』を観れば判る。殉職した刑事の脳を移植したという設定は、ロボットというよりサイボーグと呼ぶべきだろう。まさにエイトマンの基本設定そのままではないか。エイトマンのほうは、脳そのものではなく、生前の記憶を電子頭脳に転写したという設定だが、それ以外は、そっくりである。盗作とまで言えるかどうかはともかく、酷似していることはまちがいない。

永井豪に言わせると、日本語の達者な英米人で、日本の漫画やアニメのシノプシスを、英訳して海外へ売っているグループが、早くから暗躍していたそうである。例えば、永井豪の原作『バイオレンスジャック』だが、カート・ラッセル主演でヒットした『ニューヨーク1997』とそっくりなのだ。舞台を東京からニューヨークに変えただけだ。もちろん、永井の作品のほうが早く発表されている。

超小型原子炉と賦活剤

また、エイトマンは、超小型原子炉を動力とすると設定されている。実は、このころ、ぼくも平井も、同じ科学雑誌を読んでいたのだが、そこで、とんでもない記事を見つけた。ウラン、プルトニウムに次ぐ、第三の核分裂元素として、原子番号98のカリホルニウムが、紹介されていた。カリフォルニア州のバークレイで作られたため、そう命名された新元素である。ぼくたちは、これに目を付けた。カリホルニウムの放射性同位元素Cf_{252}は、臨界量が僅か一・五グラムというものだった。鼻くそのような量で、自発核分裂を起こせるのだ。つまり、ライフルでも発射できる超小型の核爆弾が、製造できることになる。

そこで、平井は、エイトマンの動力を、カリホルニウムとは説明しないまでも、マイクロ・パイル（micro-pile）とした。パイルは、もともと積み上げたものという意味で、今では反応炉という意味のリアクター（reactor）という用語に代わられてしまったが、かつては原子炉の意味でも使われていた。しかし、マイクロ・パイルでは判りにくいというので、超小型原子炉と説明することになったが、その背景にはカリホルニウムを想定していたのである。

余談ながら、当時は、ライフルで発射できる核兵器として、ショッキングな話題になり、事実、アメリカも実用化を考えたらしいのだが、実現しなかった。Cf_{252}は、素粒子加速器によって生成される人工元素で、世界一高価な元素と言われる。とうていコスト的に引き合わなかったのである。そこはＳＦの世界だから、ぼくもコストを無視して、小説にカリホルニウム核爆弾を登場させたことがある。平井は、テレビという性格から、うるさい視聴者に突っ込まれることを恐れたのだろう、ペンシルバニウムという架空の元素の名で登場させている。カリフォルニアをペンシルバニアに変えてみたわけだ。

エイトマンの超小型原子炉《マイクロ・パイル》は、カリホルニウムを想定したものだが、あまり無敵では面白くないので、平井は弱点を想定する工夫を試みた。最高出力で継続して運転できないと設定したのである。超高速で動いたあとなど、出力がダウンする。その際、タバコに仕込んだ原子炉の賦活剤《ふかつざい》を用いて、回復を図るのである。

しかし、この設定は、凝りすぎたせいか、視聴者から思わぬクレイムを付けられることになる。子供が、父親のタバコを持ち出して、『エイトマン』ごっこをするというので、教育上よろしくないというわけだ。そこで、タバコの賦活剤の件は、使用を差し控えることになった。当時は、嫌煙権などなかったから、ぼくも平井もタバコを吸っていた。だが、その後、平井は禁煙してから、まるで禁煙十字軍のようになり、喫煙を目の敵にするようになる。もしかしたら、『エイトマン』の一件が、トラウマになっていたせいかもしれない。平井は、訪れた編集者が、タバコを吸おうとしたので、いったん引き受けた原稿を断ったことさえある。

『エイトマン』の仕事は順調だった。シナリオは、小説とちがって、ルールさえ守っていれば、台詞には気を付けるが、ト書きの文体に凝る必要はない。経験を積んだあと、スムーズにアイデアをシナリオ化することができるようになった。TBS側も気を使ってくれた。徹夜してでも上げないといけないケースでは、赤坂の近源《きんげん》という旅館を取ってくれる。つまり、そこで徹夜して書きあげろというわけだ。ご馳走に夜食付きである。

のちのち、小説の仕事が軌道に乗ってからも、しばしばホテルに缶詰めにされることがあったが、これが最初の経験である。赤坂という都心である。和風旅館だから、隣りの建物とあまり離れていない。徹夜してシナリオを書いていると、隣接する窓越しに、若い女の子の嬌声が聞こえてくる。悩ましい気分になり、どうしても手が止まってしまう。あとで判ったのだが、隣は国際興業というバス会社の寮の風呂場で、若いバスガイドたちが、入浴中だということだった。それを聞いて、さらに妄想がふくらんでしまい、ますます悩ましくなった。二十代前半の若者には、この環境でシナリオを書くのは、拷問のようなものだった。

『エイトマン』は、『アトム』や『鉄人』と拮抗する高視聴率を上げていたので、二年目も続ける予定になっていた。ところが、運悪く、不祥事が起こってしまった。キャラクター担当の桑田次郎が、拳銃不法所持で逮捕されてしまい、「エイトマン逮捕」の見出しが新聞紙上に氾濫した。ぼくは、読売新聞の投稿欄に抗議して採用された。子どもの夢を傷つけているのは、センセーショナルに報道する新聞のほうだ。平井和正が逮捕されたのなら、エイトマン逮捕という見出しも不当ではないが、キャラクター担当の桑田次郎をもって、エイトマンとするとは、逆に事実を枉げて、扇動しているだけであると、説明したのである。

3
シナリオがない!

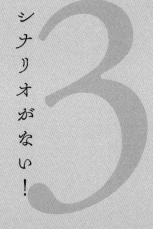

手塚治虫の目配り

武蔵大学の卒業が迫っていた。実家が開業医だったため、能力も素質もないのに、受験勉強に溺れて、医学部へ行ってしまい、人生を誤ってしまった。もう勉強は、こりごりという心境で、母校武蔵高校の恩師から、とりあえず大学だけは出ておけといわれ、武蔵大学に入れてもらったものの、むしろＴＢＳへ通うほうが多かった。いちおう卒業できるものの、優など数えるほどもなく、入社試験は全て落ちた。卒業しても食べていく手段がない。

そんな時、あの手塚治虫から電話がかかってきたのだ。『エイトマン』の仕事を観ている、才能を虫プロで生かしてほしい、二年目に入った『アトム』のシナリオを頼む、ということだった。まるで、捨て猫が、新しい飼い主に出会ったようなもので、渡りに船とばかりに、虫プロへ駆けつけた。手塚は、いつもの笑顔で迎えてくれた。あれほど忙しい人が、ぼくの『エイトマン』の仕事を、観ていてくれたのだ。ぼくは、嬉しかった。これも手塚の秘密のひとつなのだが、どんなに忙しくても、ライバルになりそうな作品には、かならずといってよいほど、目配りしている。『鉄人』、『エイトマン』など、『アトム』のライバルも、いつも気にかけていたのだろう。

漫画家のなかにも、若いころ手塚と会った際、自分の名前を知っていてくれて感激したと語る人もいる。しばしば、手塚は、嫉妬深いという酷評にさらされることがあった。他人の作品に興味があるから、こうした誤解が生まれたのだろう。手塚は、時代の傾向、トレンドなどには、敏感な人だった。手塚ほどの大家になれば、ほとんど無名の平井やぼくがやっている仕事など、普通なら歯牙にもかけない態度を取るところだろう。しかし、手塚は、権威主義的な人ではないからこそ、新しい好敵手とみて、おおいに興味を抱くのである。

ぼくは、手塚のオファーを、即座に承知した。そこで、子供のころから読み親しんできた手塚の仕事を手伝えることが、望外の幸せだと、いわば告白のようなことをした。もちろん、本音である。ただ、この日、手塚は、わずか十分ほどしか、ぼくに時間を割いてはくれなかった。多分、締め切りで忙しかったのだろう。あとは、マネージャーの今井義章と話してくれと言いおいて、座を離れてしまった。ぼくは、久しぶりに、もうちょっと手塚と話していたかったので、少しばかり残念に感じていた。

「身分は、嘱託ということで、どうでしょうか。それから毎月、必ず一本はシナリオを書くと約束してください」

今井は、のっけから仕事の話を切り出した。ぼくに、異存はない。直ちに承諾すると、今井は、事務的に続けた。嘱託料として、月一万四千円、シナリオ一本につき、五万円、シノプシスは採否にかかわらず一本一万円、といったような条件を、紋切り口上のようにして告げた。

ぼくは、驚いたものの、なるべく顔に出ないようにして、ＯＫした。『エイトマン』の三倍近いシナリオ代である。そのうえ、嘱託料も支払ってくれるという。そればかりでなく、シノプシスは、採否にかかわらず、一万円もくれるのだという。まさに破格の待遇だった。四大卒の初任給が一万八千円くらいの時代である。月給というわけではないが、月収六万四千円は、破格の待遇だった。

別れ際に、今井は、なるべく早く、最初のシノプシスを持参してくれと頼みこんできたうえで、一応、手塚のＯＫ待ちなどして待機できるよう、専用のデスクを用意するから、週三回はスタジオに出社してくれと、さらなる条件を提示してきた。これも、ぼくとしては異存はない。どうせ、暇なのだ。

文芸課長・石津嵐

そんなわけで、就職したような、しないような状態で、虫プロへ通うことになった。嘱託という身分である。しかも、通常の就職なら、四月に入社の運びになるわけだが、二月には、もう出社しはじめた。シノプシスを出せと、矢のような催促が来る。文芸課というセクションがあって、三、四個のデスクがあるだけだが、約束通り、ぼくの机も置かれていたが、そればかりでなく、タイムレコーダーまで用意されていた。月、水、金が出勤日と決まり、木曜は、これまで通り、ＴＢＳの漫画ルームへ通うことになった。なんだか、サラリーマンの気分を味わうことになった。

ここで、文芸課長の石津嵐を紹介された。ぼそぼそ喋る人で、最初は話がはずまなかったものの、毎日のように顔を合わせていれば、しだいに打ち解けてくる。美味しいことを言うわけではないが、信用できる男だと判ってきた。おたがい、嵐《あらし》、有《あり》ちゃんと、ファーストネームで呼び合うようになるまで、いくらもかからなかった。

石津は、日大映画学科の出だから、正規に映画、テレビの勉強をしてきている。妙なファーストネームなので、由来を訊いてみると、面白かった。小名浜の漁師の網元の倅《せがれ》で、なんと嵐の晩に生まれたから、そういう命名になったというのである。口下手だが、気風《きっぷ》のいいところは、こうした育ちとも関係があるに違いない。

文芸課といっても、石津とぼくと辻真先《つじまさき》しかいない。部屋の半分は、アトムと同様に虫プロで制作している『銀河少年隊』のセクションで、そこに数人のアニメーターが働いている。石津は、あまり管理能力もないようだし、興味もない様子だったが、仕事だからと断ってから、今井のほうから早くシノプシスを出せと言われていると、しぶしぶのように告げた。

石津の権力的でない態度は、その後も、ぼくの気質に合っていたから、仕事がやりやすかった。いっぺんに三、四本のシノプシスを提出すると、さっそくにも手塚のほうに渡った。間もなくOKが出るなり、すぐさま執筆しろということになり、ただちにシナリオにかかった。その夜は、徹夜である。

あとで判ったことなのだが、このころ、虫プロは、たいへんな状態にあったのだ。『アトム』は、雑誌『少年』に十四年にわたって連載され、テレビ化された。しかし、月刊誌だけに三カ月で一話として、年に四話しかできない。いずれも手塚治虫が心血を注いだ珠玉の傑作ぞろいである。しかも、雑誌の本誌で十六ページ、続きを付録で三十二ページという形式だから、ひと月分でも相当な分量になる。せめて一話を三回にでも分けて放映すれば良かったのだが、細かいエピソードを削って、一回ごとにシナリオ化してしまったため、十四年の連載分でも、五十六話しかない。つまり最初の一年で、ほぼ原作を使い果たしてしまったのだ。これは、テレビという怪物が、大量のアイデアを食いつぶすという性質が、まだ誰にも判っていなかったせいだろう。

他にも同様の例はある。南条範夫原作『月影兵庫』シリーズは、原作を使い果たした後も、オリジナルシナリオで放映され続けたのだが、作者から辞退する旨、通告があった。原作料を貰い続けるのが、心苦しいというのである。ふつうの人なら黙って貰っておくところだが、ここが南条の偉いところだろう。以後、番組は主人公の名前だけ『花山大吉』と変更して続けられたという。

シナリオ地獄

ぼくは、『エイトマン』で心得ている。『エイトマン』は、連載されたばかりでテレビ化されたから、原作の余裕などあるわけがない。ぼくが書いたのは、主人公エイトマンを使ったオリジナル脚本が、すべてである。原作どおりの脚色という仕事は、その後もしたことがない。さっそく提出したシノプシスのうちの一本を、すぐにもシナリオにしろと命じられ、シナリオ地獄に巻き込まれたわけだ。

それまで、虫プロには、映画学科を卒業した豊富な人材があった。彼らは、手塚治虫原作の『アトム』を、過不足なく三十分もののシナリオに巧くまとめあげる能力には秀でている。しかし、オリジナルなアイデアをひねり出す能力があるわけではない。ぼくが入った時の虫プロは、手塚治虫原作のアトムを使い果たし、次のシナリオがないという状態に追い込まれていたのである。

なにしろシナリオを元にして絵コンテを作り、そこから作画していくのだから、シナリオがないことには、百人からの社員が遊んでしまうことになる。ぼくが、アニメのオリジナル脚本家の第一号で、ちなみに第二号が、同じ『エイトマン』をやった辻真先である。今になって考えてみれば、幸せな体験である。二十代半ばの人間など、ふつう会社では歯車の一つでしかないが、ここではぼくがシナリオを書かないと会社が麻痺するという重要なポストを与えられたことになる。

そのころ虫プロは、動画部と漫画部に分かれていたが、双方で社長を取りあいしているような状態だった。雑誌連載の仕事が忙しいと、シナリオに目を通す時間がなくなる。シナリオばかりでなく、動画制作の仕事が増えると、連載の原稿が遅れることになる。手塚治虫という偉大なクリエイターの動静に、すべてが懸っていることになる。

だいぶ後のことになるが、さる人が、虫プロという会社は、金の卵を生むニワトリを、絞め殺そうとしていると、評したことがある。実際、手塚自身も、そう感じていたふしがある。あるとき、虫プロに労働組合を作ろうと言いだした。なんと、手塚みずから労組の委員長に就任し、会社に対して労働条件の改善を要求するという。社長が労組の委員長などという話は、聞いたことがないが、まんざら冗談とも言えなかった。実際、もっとも過重労働を強いられ、もっとも搾取されているのが、社長自身という妙な会社だった。

「チョコレートを買ってきてください！」

手塚が、どれほど働いていたかを示すエピソードには、こと欠かない。スタジオでも、ろくに寝ていないため、しばしばレモンを齧って、眠気を醒ましていた。レモンでも足りないときは、チョコレートを食べる。

講談社の『少年マガジン』の編集長だった内田勝には、ぼくも世話になったことがあるが、かれから聞いた話は、常識を越えていた。ある時、連載漫画を書いていた手塚が、眠気でふらふらになったという。それでも仕事を続けようとするのだが、眠気が醒めそうもない。突然、手塚が口走った。

「そうだ。チョコレートだ、チョコレートさえあれば、描き続けられます。チョコレートを買ってきてください」

無理難題のように聞えるかもしれないが、手塚もぎりぎりの限界である、内田は、ただちにタクシーを飛ばして、虫プロのある富士見台から、いちばん近い繁華街の阿佐ヶ谷へ向かったのだが、コンビニなどない時代である。深夜、どの店も開いていない。そこで、内田は、以前、どこだったかで、バーのおつまみに、チョコレートが出たことを思い出した。内田は、おおよそ二時間も、阿佐ヶ谷あたりの深夜スナックをシラミつぶしに当たって、チョコレートがないか、訊きまわった。ようやく十数軒めに、チョコレートを置いている店を見つけ、相場の何倍も払って買い占め、ただちに虫プロへ取って返したという。そのおかげで、どうやら連載漫画が、仕上がったそうである。以後、虫プロでは、チョコレートを買い置きして、常備しておいたという。

「ラフレシアの巻」

話が先走ったので、元に戻す。ぼくは、最初のシナリオ「ラフレシアの巻」を書いた。演出は、坂本雄作である。虫プロでは、のちにアニメ界の指導的な立場になる多くの逸材と組むことになるが、坂本は、山本暎一とともに、初めから手塚の右腕ともいうべき立場にあったクリエイターで、多くの素晴らしい仕事を残している。

初めての仕事で、坂本雄作と組ませてくれたのは、最初のオリジナルシナリオに賭ける手塚の配慮だったようだ。山本も坂本も、ぼくと同じくまだ二十代なかばだった。新しい分野だけに、若い人材が集まっている職場だった。

文芸課と同じ部屋の『銀河少年隊』の制作班には、十六歳のベテランアニメーターが、加わっていた。『銀河少年隊』は、NHKで放送された手塚原作の人形劇だが、一部アニメも使われている。かれは、中卒で東映動画に入社して、一年みっちりアニメの修行をし、手塚がアニメ制作に乗り出すと知って、応募してきた。つまり、十六歳でも、ベテランということになる。

「誰も手掛けない分野なら、三十代で長老になれる」とは、星新一のジョークだが、単なるジョークではなく、ぼくや平井など、SFコンテストに同期入賞した仲間たちより、星は、一足先に江戸川乱歩に認められてデビューしていた。SF界では、初めから長老だったのだ。

「ラフレシアの巻」は、あっさり手塚のOKが出た。あとあと、なかなかOKを貰えない場面にも出くわしたが、そのときは、シナリオがなくて、よほど切迫していたのだろう。ぼくは、徹夜で書き上げて、翌朝一番に持参した。話は、こうである。茨城県にガンマフィールドという施設がある。コバルト60を線源として、円形の周囲の農場へガンマ線を照射して、植物の突然変異をうながし、作物の品種改良をはかるという実験場である。そこへ世界最大の花とされるラフレシアが持ちこまれる。そのラフレシアが、巨大化して暴れだすというストーリーで、いま思えば強引な展開だが、ラフレシアが動きだすという絵面《えづら》の面白さを計算したものだ。「ラフレシアの巻」は、好評だった。これまでにない新鮮味が買われたらしい。

人生最大の殺気

ぼくは、手塚には大いに買ってもらっていた。ぼくのアイデアストーリーを、手塚が気に入ってくれたからだ。しかしながら、全部は任せてはくれない。初めから終わりまで、手塚治虫が書いたように仕上がっていないと気が済まない。そこで、あれこれ注文がつく。こっちも若かったから、絶対に書きなおさないと宣言し、反抗したこともある。平井のところでも触れたが、クリエイティブな仕事というものは、和気藹藹《わきあいあい》としていては、良い仕事にならない。なれあいになって、特徴のない平凡なものしかできない。双方のクリエイティビティーをぶつけあって、アウフヘーベンしないと、傑作にならないのだ。

ある日、シナリオの校閲が遅れ、制作スケジュールに穴があきそうになった。文芸課長の石津嵐（のちに磐紀一郎のペンネームで時代小説家になる）が、かけあっても、手塚は返事をくれない。シナリオを書いた本人（つまり、ぼく）が、自分でかけあってこい、という話になった。一階のロビーから吹き抜けの三階へ叫ぶ。

「社長、ぼくのシナリオですが、読んでくれましたか。直すなら直すで、徹夜してでも上げないと、アニメ制作の穴があいてしまいます。お願いです。返事をしてください」

そのとき、ロビーのソファーに座っていた三、四人の男たちが、いっせいにぼくを見つめた。ぼくも八十年以上、人間をやっているが、殺気というものを感じたのは、この時が最初で最後だった。無精髭を生やした男たちは、雑誌の編集者で、いわゆる手塚番、自社の雑誌原稿の仕上がりを待って、徹夜している。担当する手塚が、徹夜で仕事をしているのに、寝るわけにはいかない。そこへ変な奴（つまり、ぼく）がやってきて、余計な仕事をもちこみ、邪魔をしようとしている。かれらが、ぼくを絞め殺そうと思ったとしても、いっこうに不思議ではない。

4

社長が消えた！

編集室への立てこもり

手塚は、年少の相手に対しても、ですます調で話す。高飛車に命令することはない。しかし、仕事に関しては、厳しい。手塚から、二度ばかり言われたことがある。

「こういう仕事は、名前を貸したら、おしまいです」

つまり、手塚治虫原作と謳うからには、ぼくのオリジナル脚本であっても、丸投げにするわけではない。すべて自分で目を通す方針なのである。もう少し、任せてくれてもいいと思うようなことでも、細かく指示が出る。ただでさえ、アニメの仕事の他、大量の連載を抱えているから、いくら時間があっても足りなくなる。

ある時、ぼくのシナリオをもって、三階の編集室へ籠った。シナリオには、赤字が書きこんである。丁寧に読みこんで、疑問点をチェックしたのだろう。書きなおしの打ち合わせに時間がかかりそうだと、思ったにちがいない。こっちも唯々諾々とは従わないから、ああでもない、こうでもないと、話しあっているうちに、どちらからともなく、良いアイデアがでてきて、それに落ち着く。ほぼ一時間半ほどたったころ、外から、営業担当の重役をはじめ、大勢の社員が、なだれ込んできた。手塚は、ぼくの目の前で、左右からかかえられるようにして、連行されていった。

その日、手塚は、アトムの二次商標権《マーチャンダイジング》の商談で、確かおもちゃ会社の社長と調印式にのぞむことになっていたという。相手側も社長が立ちあうから、こちらも社長が出向くスケジュールになっていた。しかし、人一倍、商売の話は嫌いな人だから、あまり行きたくなかったようだ。ぼくのシナリオを読むなり、あれこれ不満が出て、どう書きなおすか、手塚なりの腹案もあり、絵的なイメージも考えていたから、こっちの仕事を優先して、ぼくを呼びつけて、使用しないときは誰も来ないフィルム編集室に、立てこもってしまったわけだ。

社内では、社長がいないと、パニックになって探しまわっていた。あとで、重役から、こっぴどく怒られた。一介のシナリオライターが、重要な商談があるというのに、一時間半も社長を抱えこんで、会社をつぶす気か、というわけだが、ぼくが社長を抱えこんだのではない。手塚が、ぼくを抱えこんだのである。

手塚は、クリエイティビティーを重視したから、ぼくのアイデアストーリーを、おおいに気にいってくれた。しかし、ぼくは、どうやら理系人間らしく、SF的なアイデアはあっても、手塚の持つファンタジー、リリシズムの才能に欠けるうらみがある。演出家が、絵コンテ段階で、補ってくれるケースも少なくなかった。こうした演出家との関係は、けっこう殺気だったこともある。一例を上げるにとどめれば、文句をいったところ、売り言葉に買い言葉で、こういうやりとりになったことがある。

「文句を言うなら、おまえが描いてみろ！」

「絵が描けるくらいなら、シナリオなんて、書いているか！」

こうしたやりとりは、いつものことだったが、不思議と仕事が終わってしまえば、後を引かなかった。

創作の秘密

手塚は、テレビ画面で見る温和な笑顔ばかりでなく、厳しい顔を見せることが少なくなかった。ぼくのシナリオを読んだあと、のっけから怒鳴られたことがある。

「なんですか、このシナリオは！」

怒るときでも、ですます調なのだが、イントネーションが、跳ねあがっている。シノプシス（梗概）を読んだ段階で、おおいに期待したのだが、シナリオにしてみると、期待したように面白く膨らんでいなかったということである。期待値が高すぎたのである。こういうとき、手塚は、怒るだけではない。自分でもアイデア出しをして、より面白くしようとしてくれる。

ぼくのアイデアを気にいってくれたので、シノプシス、シナリオの打ち合わせでは、多くの時間を割いてくれた。あるとき、ぼくのシナリオのラストが、弱いということで、話しあった。手塚は、こうしたらどうでしょう、ああしたらどうでしょう、というふうに、機関銃のように思いついたことを喋りはじめる。おおよそ十五ばかりのアイデアが出てきたのだが、ほとんどは、箸にも棒にもかからない酷いもので、それに変えるくらいなら、ぼくのシナリオのままのほうが、遥かにマシだろう。しかし、そのなかに二、三気になるアイデアがある。こちらも、しだいに心が動いてくる。

ぼくは、手塚の創作の秘密を垣間見《かいまみ》た気がした。こんなばかばかしいことを言ったら、豊田の奴、おれを軽蔑するのではないかなどという、てらいがまったくない。ブレインストーミングの鉄則だが、思いついたことを自己規制することなく臆面もなく喋るのがこつだという。妙に、自尊心などにこだわると、良いアイデアも出てこない。だめなアイデアは、後で捨てればいいだけなのだ。手塚のアイデアを採用して、書きなおしたシナリオも少なくない。

一例を上げよう。実は、このエピソードだけは、これまで書いたこともないし、喋ったこともなかった。そこだけ抜き出して読まれると、手塚の人格にかかわると考えたからだが、最近、虫プロの関係者と話して、どうして、手塚が、あんな酷いことを言ったのか判ったから、初めて公開する。例のラストが弱いというシナリオ打ち合わせのときのことだった。手塚が口にした多くのアイデアのなかでも、あまりにも強烈なので、びっくりするのを通り越して、ぼくは、呆れかえったものだ。手塚は、こう言ったものである。

「最後にアトムとウランちゃんに、近親相姦をやらせて、おわりにしましょう」

ぼくは、言葉を失ったものだ。もちろん、そんな結末に書き変えるわけにはいかない。実は、この言葉には、裏があった。一種のジョークだったのだ。虫プロの関係者では、この酷いジョークを手塚から聞いたことがある者も少なくないそうだ。

実は、アメリカのディズニープロに関する伝説が、ネタ元になっているという。真偽のほどは不詳なのだが、ディズニープロには、門外不出の極秘アニメがあるという。ピーターパンとティンカーベルが、セックスするというポルノアニメなのだそうだ。その話が出たついでに、手塚が、もし虫プロなら、さしずめアトムとウランちゃんの近親相姦だなと、ジョークを飛ばしたのだそうだ。手塚は、次のまっとうなアイデアを考えるつなぎとして、このジョークを言ってみたらしい。初めて聞いたぼくは、ショックを受けたのだが、実際は手塚の人格に関わるような重大事ではなかったのだ。五十数年後になって、やっと謎が解けたので、あえて公開することにした。

盗作問題

あるとき、ぼくが書いたシナリオが、たまたま週刊誌のメディア評で、盗作と決め付けられたことがある。手塚は、激怒してぼくを呼びつけた。問題となった脚本「宇宙の対決の巻」は、フレデリック・ブラウンの傑作短編ＳＦ『闘技場《アリーナ》（Arena）』を下敷きにして書いた話である。手塚もシノプシス段階で目を通しているから、『闘技場《アリーナ》』を下敷きとすることもＯＫを貰っている。当時の著作権（十年）が切れた作品のため、いわば公知公用で、実際、テレビシリーズ『スタートレック』でも、『闘技場《アリーナ》』をヒントにした作品があるし、藤子不二雄Ｆも、この作品のバリエーションで、短編ＳＦ漫画を描いている。

ストーリーは、地球の宇宙軍の士官である主人公が、ある惑星へテレポートされることから始まる。地球宇宙軍は、さる異星人と覇権を争って戦っている。このままでは、共倒れになるだろう。そこで、地球人や敵の異星人を遥かに超越した神に等しい星間種族が介入してくる。双方の種族からランダムに代表を選んで決闘させて、勝ったほうの種族を存続させようと図るのである。

このアイデアが面白いので、いろいろなクリエーターが、『闘技場《アリーナ》』を下敷きに、それぞれの傑作をものしている。ぼくの「宇宙の対決の巻」も、手塚も承知のもとで、書き上げたものなのだが、なんと同工異曲の話が、テレビシリーズ『アウターリミッツ』にあったというのである。

当時、日本のテレビは、まだ発展途上だったから、ゴールデンアワーの番組も、今と異なり輸入されたシリーズで占められていた。『ミステリーゾーン（Twilight Zone）』、『世にも不思議な物語（One Step Beyond）』、そして『アウターリミッツ（Outer Limits）』の三つの輸入ＳＦ番組が人気だった。この『アウターリミッツ』、のちに再放送で観た。もちろん、これも『闘技場《アリーナ》』を下敷きにしたものだが、偶然にも、ぼくのシナリオと似たひねりかたをしている。

原作『闘技場《アリーナ》』では、地球と敵対する異星と、それぞれからランダムサンプリングで、一名が選び出されて対決する。そこを『アウターリミッツ』では、男女二名というふうにひねっている。ぼくのアトムでは、その星の知的生命体とロボットのコンビというふうにひねった。『スタートレック』では、物語の都合から、地球代表は、カーク船長としないと、面白くならない。カーク船長は、敵のトカゲ型の異星人と戦って、みごと勝利する。ぼくの『アトム』でも、地球代表のロボットは、アトムでないと、ストーリーが進まない。

アトムは、しごく真面目だから、コンビを組む人間が、正義の味方では、変わり映えがしない。そこで、たまたまギャングが選ばれたと設定してみた。そこが、偶然にも『アウターリミッツ』と似てしまった。男女のコンビのうち、女のほうはまともなのだが、男を銀行強盗と設定している。男は、「地球が滅びようと、知ったことか」などとうそぶき、対決に協力しない。その駄目男を、女がなだめすかしながら、戦わせるところが、みそとなっていた。ぼくの『アトム』でも、ギャングは「地球がどうなろうと、おれとは関わりがない」と冷淡である。確かに、同じく『闘技場《アリーナ》』を下敷きにしながら、ひねりかたまで、よく似てしまった。

『アウターリミッツ』は、もちろん、ほとんど観ていたのだが、その回にかぎって、結婚前の家内とのデートで、観ていなかった。迷ったのだが、忙しくて、その日しか時間が取れない。ビデオなどない時代だから、いったん見逃したら再放送でもないかぎり観られない。日本とアメリカ、国は違っても、同じ発想をする人間がいるものだと、つくづく考えさせられた。

ちなみに、ぼくの父親は、アマチュア俳人で、ホトトギスの群馬支部長を長年つとめ、高浜虚子先生の弟子だったが、まったく偶然に、俳聖芭蕉と一字違いの句を詠んだことがある。

説明すると、手塚は、あっさり判ってくれ、それ以上は、なにも言わなかった。手塚も、名作『闘技場《アリーナ》』を読んでいるから、おなじクリエイターとして、判ってくれたのだろう。

5

アトム輸出。お茶の水博士は、ドイツ人？

『アトム』のアメリカ進出

『アトム』は大人気を博した。そのうち、アメリカへ輸出されることになった。この快挙には、ビデオプロモーションの名誉会長となる藤田潔が、おおいに与《あずか》って働いたのだが、日本のテレビのゴールデンアワーが、アメリカからの輸入番組で占められていた時代である。その逆は、まさに誰も実現するとは思えないほどの夢のような出来事だった。

なぜ、アニメ大国のアメリカで、弱小国日本の『鉄腕アトム』が、成功を収められたのだろうか。ぼくは、日本と欧米のカルチャーギャップのせいだと考える。

戦国時代、訪日したイエズス会の宣教師は、日本の子供たちが、ほとんど制約を受けることなく、のびのびと暮らしていることに、すっかり驚嘆している。日本では、子供のころは、たいていのことは許される。大人になるにしたがって、社会的な制約が増えてくる文化である。それに対して、欧米では、子供のころは厳しく躾《しつ》けられるが、大人になるにつれて、制約が減ってくる。極端に言えば、悔しかったら、早く大人になってみろ、という躾けなのである。

その証拠に、欧米のアニメ、子供番組には、子供のヒーローが登場することはない。しかし、日本では、アトムは、ロボットだからという理由付けもあるが、それ以前から、例えば『赤胴鈴之助』のような子供が主役の人気漫画が、たくさん存在した。子供の姿をしたアトムが、ユング風に言えば、父親代行にあたる大きな敵ロボットを、軽々とやっつけるのが、大人への劣等感を吹き飛ばしてくれ、欧米の子供たちの留飲をさげさせたのだろう。虫プロのPR誌『鉄腕アトムクラブ』には、アメリカの子供たちから、こうした声が多数よせられた。

ぼくは、アメリカの幼い視聴者からの熱心なファンレターを、『鉄腕アトムクラブ』に翻訳した。そのこともあって、アメリカ側のNBC放送の代理人が来日した際、立ち会うことになった。テレビの仕事は時間待ちが多い。全ては、手塚の都合しだいだから、シノプシスを提出して、いざOKが出たとなれば、ただちに徹夜してでもシナリオを書きあげなければならない。ぼくは、待機しているあいだ、古本で買ったアメリカSFのペーパーバックを読んで過ごすことが多かった。べつだん英会話ができるわけではないが、豊田の奴、英語が判るらしいということで、同席を命じられたのである。

『アトム』は、一回放映分が、一万ドルという破格の買い取り価格で、日本での製作費より高額だった。なにしろ、今と違って一ドル=三百六十円という固定相場制の時代である。虫プロの快挙は、マスコミでも大ニュースになっていた。ただ、いくつか問題もあった。アメリカは、伝統的にユニオンの力が強い。アメリカ人アーティストが参画していない番組を、全米ネットワークに掛けることは許されない。そこで、地方ステーションに対して、個別にシンジケート

(syndicate）売りするという契約になった。結局、全米の半分強の地域で視聴できたらしい。また契約書には、アメリカ国内で放送可能な作品、という一項が入っていた。ここも、契約社会でない日本では、ほとんど問題にされなかったが、あとあと問題を残すことになった。

台詞が日本語では、アメリカ国内で、そのまま放送はできない。そこで、アテレコするわけだが、人件費の高いアメリカでのアテレコのコストは高くつくから、その費用が一万ドルから差し引かれる。また、アメリカのテレビ倫理規定（Television Standard）から外れた描写があった場合、違約金を支払うという一項もあった。さらに、よもや他の国々にまで売れる可能性はないと判断してか、NBC放送に転売の権利を委譲するという一項も付け加えられていた。事実、NBCは、アトムを、ドイツ、メキシコなどに再輸出し、濡れ手に粟の大もうけをすることになる。

NBC放送の代理人との会談のことは、ここでは長くなるので省略するが、あれこれクレイムがついて、結局手取りは、三千から四千ドルということになってしまった。アメリカでの評判も上々だから、日本人なら細かいことは言わずに感謝するところだが、それはそれ、これはこれと、アメリカ式に割り切っているらしい。たびたび違約金を取られる羽目になった。自衛策として、以後の作品では、NBC放送のテレビ倫理規定の小冊子を、ぼくが日本語に翻訳して配ることにしたのだが、目を通してくれる人は多くなかった。

それによれば、細かい規定が定められている。子供番組では、未成年者誘拐というシチュエーションを描いてはならないという一項は、よく覚えている。アメリカでは、未成年者誘拐は、成否に関わらず、死刑を含む重刑が課される。また、多民族社会で、多くの宗教が存在するアメリカだから、特定の宗教に偏ってはならないとする一項もあった。さらに、医師、弁護士など社会的に評価される職業を故意に貶める描写は許されないとか、あれこれ書いてあった。

『月世界の巻』では、十字架の墓が、引っかかった。アメリカでメジャーな宗教は、プロテスタントである。プロテスタントの墓は、確かに十字が刻んであるが、平板なレリーフを芝生に埋めたようなもので、十字架が立っているわけではない。十字架は、カトリックの墓なのである。そんな区別など、ふつうの日本人には判るわけがない。

また、『ホットドッグ兵団の巻』では、犬のサイボーグ部隊が、動物虐待ということで違約金を取られる羽目になってしまった。そんなわけで、虫プロの手取りは、どんどん目減りしてしまう。アメリカでも人気なのだから、細かいことは言うなという日本式の理屈は、契約社会の相手には通用しなかったのだ。

ドイツ訛りの科学者

そのうち、英語吹き替え版の『アトム』が届いた。面白半分に観たが、得るところもあった。

サーカス団長のランプは、R《アール》を巻き舌ではっきり発音する。つまりイタリア訛りの英語なのだ。ギャングはイタリア系というのが、通り相場なのだろう。お茶の水博士は、こんなセリフ。

「ヴァット・イス・ダット?・(What is that?)」

つまりドイツ訛りの英語なのだ。科学者はドイツ系ということなのだろう。アメリカは、多民族社会だから、エスニック・ジョークが盛んである。他民族をジョークで笑い倒してもいいという暗黙の了解がある。例えば、世界でありえないもの、三つ。アメリカ人の哲学者、ドイツ人のコメディアン、日本人のプレイボーイ、だそうである。もちろん、アメリカにも、ジョン・デューイのような哲学者がいるし、日本だって、光源氏や在原業平《ありわらのなりひら》のようなプレイボーイがいる。詳しくは知らないが、ドイツにだって、コメディアンがいないはずはない。だが、言い得て妙なところが、エスニック・ジョークの面白みだろう。しかし、日本で、これをやったら、大問題になるだろう。なにしろ、ぼくのように、韓国に批判めいたことを書いただけで、ヘイト・スピーチ扱いされるくらい、民族問題は逆差別と言えるほどの域に達している。

6

「イルカ文明の巻」視聴率トップ

戦うことをためらう主人公

ぼくのオリジナルシナリオ「イルカ文明の巻」は、四十数パーセントという空前の視聴率を上げた。手塚は、ぼくに向かっては、おおいに褒めてくれたのだが、あとで側近から聞いたところでは、何やら、ぼやいていたという。なぜ、手塚原作の作品ではなく、豊田のオリジナルがトップなのだと、複雑な心境だったらしい。この視聴率は、のちに撤退してしまうニールセン社のものだが、今に至るまでアニメ史上でトップを維持している。

しかし、この作品の成功は、ぼくだけの手柄ではない。例によって、手塚のアドバイスなど、多くの人々のチームワークのおかげである。このシナリオを書いたとき、手塚から言われたことを、今でも覚えている。

「アトムは、こういうとき、いきなりは戦わないいんですよ。ハムレット型で、戦うことを悩んでからでないと」

物語は、こうである。海底にイルカから進化したドルフィン族という知的生命体がいるが、人類には知られていない。強欲な業者が、観光用の海底都市を開発して、ドルフィン族の領界を犯してしまう。アトムは、偶然、この海底都市をお茶の水博士と視察して、海底でドルフィン族のピピ王子と友だちになってしまう。ところが、謎のカニ型ロボットに襲われて、戦うことになる。やがて、海の環境を破壊する人類とドルフィン族の戦争にまで発展してしまう。最後は、アトムが身を挺して、戦争を防いで、めでたしめでたしとなる。手塚の助言どおり、アトムは、たびたび戦うことをためらう。この間《ま》が、逆に緊張感を盛り上げるのに役立った。手塚の読みどおりである。

　この回の『アトム』では、日本アニメ史上で最初の試みが、実現した。これは、演出の勝井千賀雄の大英断のたまものだった。手塚は、アニメは絵ばかりではないとする。プロット、アイデア、ストーリーを重視しろと、常日頃から口にしていた。しかし、文芸課が、作画面に口を出して、喧嘩になったことは、前述したとおり、日常茶飯事だった。売り言葉に買い言葉で、文句を言うなら、おまえが描けと言われた一件については、まえに書いたとおりである。もちろん、あとあとまで尾を引いたことはないが、それでも、絵のことに口出しすることは、憚られる雰囲気が、依然として存在していた。

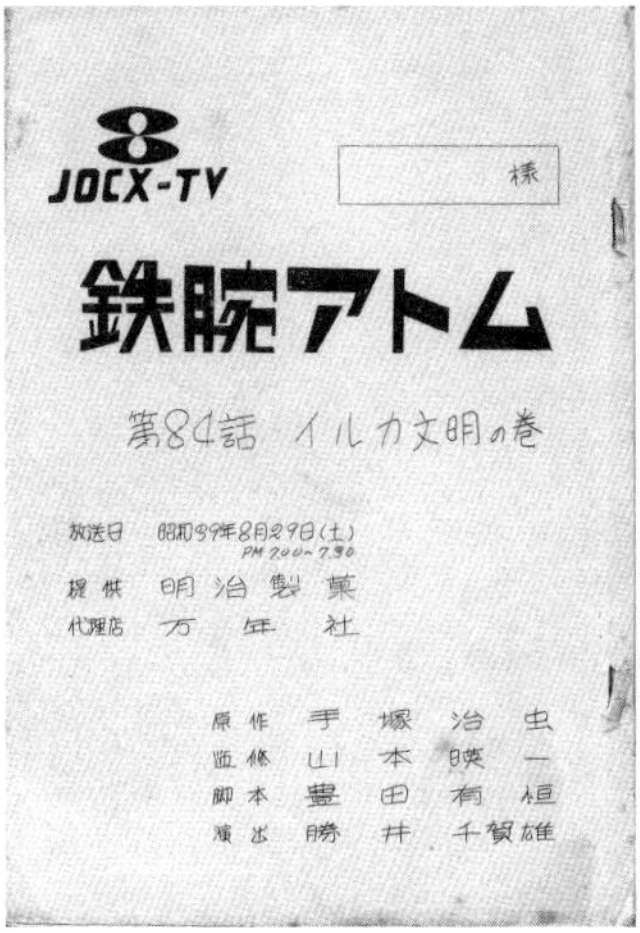

『鉄腕アトム』
第84話「イルカ文明の巻」台本

社内公募でキャラクターを決める

　ぼくは、文芸課長の石津嵐と相談の上だが、勝井に対して、ある要求を突きつけた。ピピ王子のキャラクターを、演出家が決めずに、社内公募してくれと、頼んでみたのだ。普通の演出家なら、自分の職分を犯されたと、激怒する場面である。温厚な勝井だから、ぼくの話に対して、冷静に耳を傾けてくれたのだろう。

　それまで、虫プロにかぎらず、主役のアトムを含めたレギュラーキャラクターは、もちろん手塚の原作どおりだが、その一話にしか登場しないキャラクターは、演出家が絵コンテでラフスケッチしたものを、アニメーターが適当にアレンジしていた。しかし、一話だけしか登場しないキャラクターであっても、このピピ王子だけは、視聴者が感情移入できるかどうかで、作品の成否に関わってくる重要な存在である。

　アニメのシナリオは、実写と比べると、ト書きの部分が多いから、どうしても長くなる。ト書きとは、業界用語で、情景、照明、効果音、音楽などを指示した部分で、シナリオはト書きと台詞《せりふ》から、成りたっている。実写なら、その役にふさわしい俳優が選ばれるわけだから、いちいち説明はいらないが、アニメでは、どんなキャラクターなのか、丁寧に説明しておかないと、絵が描けない。三十分番組のシナリオが、四百字詰めの原稿用紙で、実写では三十五枚程度とすれば、アニメでは五十枚以上も必要になる。

ピピ王子の場合、年齢は人間で言えば幼稚園くらい、イルカから進化した知的生物で、イタズラだが可愛いキャラクターというようなト書きだった記憶がある。このキャラを演出家のラフスケッチに頼らず、社内で募集しようというわけだ。おれの絵に文句があるのかと、勝井が一言でも開き直れば、つぶれるくらいの思い切った提案である。ぼくは、ピピ王子のキャラの魅力が大切で、貴方の能力にケチを付けるつもりはないというようなことを、くどくどと説明したものだった。

「わかった、そうしましょう」

勝井は、考えたすえ、きっぱりと同意してくれた。こうして、社内に張り紙をして、ピピ王子のキャラを募集したところ、面白がったスタッフが、何人か応募してくれ、その中から、手塚、勝井、石津を交えて選考して、もっとも魅力的なキャラを採用できた。いくらだったかは覚えていないのだが、当選者には、なにがしかの謝礼が支払われた。現在なら当たり前だが、当時は、キャラクターデザインという職掌は、存在しなかった。おそらく、これが日本最初のキャラクターデザイナーの誕生だったろう。

また、メカのほうも、公募しようと言ってみたのだが、これは実現しなかった。アトムと戦う相手は、ドルフィン族のロボット兵器だけではない。海底都市の建設用ロボットも、ライバルとなる。これは、身長三メートル、頭と両手の先がドリルになっているなどと、ト書きで説明しておいた。こっちも実現していれば、日本初のメカデザインということになったはずだが、あいにく、そうならなかったものの、勝井のラフスケッチを、アニメーターが巧くデザインしてくれたので、迫力あるものに仕上がった。今では、キャラもメカも、それぞれ専門のデザイナーが担当するのは、いわば当然だが、当時は、演出家の聖域を犯すようなタブーだったのだ。初めての試みとして、社内でキャラを公募して、もっとも魅力的なキャラが採用したことが、作品の成功につながったわけだ。

出渕裕の「やられメカ」

だいぶ後のことになるが、『宇宙戦艦ヤマト』のＳＦ設定と監修を引き受けた時の話だ。一話かぎりで壊される敵のメカ、業界でいうやられメカを、考えてくれと頼まれた。文字で説明しても、なかなか巧くいかないので、我が家に遊びにくる二回りも年下の友人の出渕《いづぶち》裕を巻きこんで、絵を描いてもらった。スタジオへ連れて行くと、松本零士が、すっかり気に入ってくれた。クリエイターというものは、作品を見せれば、一目瞭然で才能が判る。やがて、出渕のメカは、

『聖戦士ダンバイン』で、大人気となった。出渕のブチを取って、ブチメカという異称を賜り、多くのファンを獲得した。

さらに、出渕は、筑波の産業総合研究所のロボットのデザインを手がけた。映像を見た人が、あまりにもカッコ良すぎるので、現実に存在するロボットだと思わず、CGに違いないと言ったという。やがて、出渕は、『宇宙戦艦ヤマト』のリメイク版の総監督を務めるようになる。あの当時、確か十九歳だった出渕も、今やアニメ界の大御所となり、すでに還暦を過ぎた。

高視聴率を挙げた「イルカ文明の巻」は、のちにNHKで『鉄腕アトム』を全編再放送した際、また観たいアトムということで、視聴者投票でトップになっている。ナビゲーターを務めた評論家の山田五郎は、ぼくのオリジナル脚本だと承知のうえで、手塚治虫の原作であっても、おかしくない物語だと、過分に褒めてくれた。それも当然で、海底都市建設のため工事を強行し、海底の環境破壊を進める悪徳業者については、手塚のアドバイスで、しつこく描写したから、手塚好みのテーマに仕上がっていたわけだ。

7

手塚治虫とけんか別れ

虫プロの現場

月、水、金の虫プロへの出勤日には、出社して待機しているのだが、そうそうシノプシス、シナリオを書いているわけではない。手塚のOK待ちになるから、先述のようにたいていアメリカSFのペーパーバックを読んで過ごすのだが、ある日、石津からアドバイスを受けた。折角だから、アニメの制作現場を見て来いという。

まっさきに訪問したのは、出版部である。といっても、部員はふたりしかいない。ここでは、『鉄腕アトムクラブ』というPR誌を、出版しはじめたばかりだった。編集長の山崎邦保は、実直そうな人で、有名出版社から引き抜かれた人だという。そばに美人がいた。桜井節子という。そこで、シナリオライターだと自己紹介してから、なにか手伝いたいと申し出てみた。その美人に会いに、編集室へ通う口実ができると踏んだ。『アトム』のPR誌といっても、すべて『アトム』関連の記事だけでは、ページが埋まらない。SF作家の卵だと説明してから、毎号、UFOだの、超能力だの、不思議な話を連載することになった。あとで知ったことだが、山崎編集長は、この件で、手塚に相談したらしい。手塚は、ぼくを買ってくれているから、一も二もなく賛成してくれた。

暇つぶしの次は、道路をはさんだ向かいの別棟にあるスタジオ。虫プロは、急成長した会社だから、別棟のスタジオが増えている。ここも、アパートとして建てられはじめたところで、俄かに買収されたものらしい。トレース、彩色というセクションがある。訪れて見ると、ここも美人だらけ。虫プロは、女性が多いから、二十代半ばの男には、おおいに目の保養になる。アニメ制作のプロセスを、実際に目で見て来いと、上司の石津から言われたといえば、やってきた理由が付く。

トレースは、アニメーターが半紙に鉛筆書きした線を、忠実にセル板に写しとっていく。その線の枠内に白黒のグラデーションで、塗っていく作業が彩色である。こうしたプロセスを眺めながら、油を売っていると、コーヒーとお茶菓子が出てくる。若い男がやってくるのは珍しいセクションだから、歓待してもらえる。居心地がいいので、たびたび通うことになる。もう名前も忘れてしまったが、ここにも可愛い子がいた。そのうち食事にでも誘おうと思っていたある日、その子が仕事をしながら、なかばヒステリーを起しかけていた。

「こんな面倒なもの出すなんて、誰がやったのよ」

ふと覗いてみると、彼女が彩色している絵は、巨大化した昆虫のミュータントだった。た

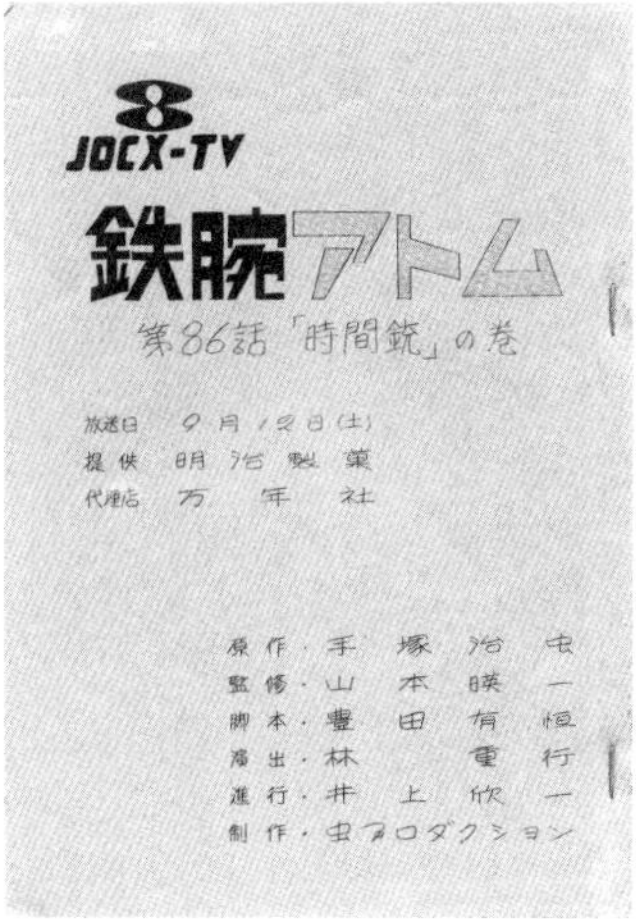
8 JOCX-TV
鉄腕アトム
第86話「時間銃」の巻
放送日 9月12日(土)
提供 明治製菓
代理店 万年社
原作・手塚治虫
監修・山本暎一
脚本・豊田有恒
演出・林重行
進行・井上欣一
制作・虫プロダクション

『鉄腕アトム』
第86話「「時間銃」の巻」台本

またま、ぼくが書いた『五十万年後の世界の巻』というシナリオに登場させた未来世界の生物である。昆虫は足が六本もあるから、描きにくいのだ。少しずつ違う絵を、何十枚も塗り潰していかなければならない。根気のいる作業だ。さすがに、ぼくが、やりましたとは言いだせず、デートに誘う元気をなくしてしまった。

美術部の重要性

美術部は、また別棟。ここは、セル画の背景を描くセクション。セル画のほうは、アニメ的な絵柄だが、背景美術は、リアルさが要求されるから、デッサン力が必要になる。例えば、精密に大きな絵を描いておく。森なら森、海なら海で、細かく描いておいて、カメラが一点に寄っていく。木の陰にいる敵なり、味方なり、一人の人物がクローズアップされるなどという場面では、背景がしっかりしていれば、一枚の絵で数秒は稼げてしまう。前に説明したリミテッドアニメでは、そこで浮いた分の齣《こま》を、アクションシーンなどに振り向けられる。また、バンクシステムで、アトムが飛んだり、泳いだりするシーンは、ストックしてあるから、まったく別の背景を付ければ、新鮮なものに写る。

こちらに予備知識がなかったせいで、ぼくは、美術部の重要性については、なにも判らなかった。まったくの素人のぼくに、判り易く解説してくれたのが、川崎節子だった。例えば、ゴンドラという手法がある。カメラのレンズの先に、アトムの背中を描いた切り抜きを取り付け、島なら島の背景に寄って行く。アトムの大きさは変わらないが、島がクローズアップされてくる。アトムが島めがけて降下して行くシーンになる。

また、マルチという手法もある。森なら森の背景を描くのだが、その前に数センチ離して、木や草だけを切り取ったような絵を置いて、さらに数センチ手前に、また木や草の絵を左右に置く。二次元のジオラマのようなものだが、カメラが寄って行くと、手前の木や草を、左右に引きはなしていく。そうすると、あたかも森の中へ入って行くような映像ができあがる。平面的なアニメを、立体的に見せるため、それなりに苦労しているのだ。川崎節子の話を聞いていたので、あとで撮影のセクションを見学したとき、実際にマルチの撮影シーンは、説明がなくても、ただちに理解できた。

ふたりの節子

もしかしたら、川崎節子は、ぼくに気があるのかもしれない。そのうち、デートに誘おうと、ひそかに思っていた。『鉄腕アトムクラブ』編集部の桜井節子、美術部の川崎節子、ふたりの節

石津節子と作品

子という目標ができたので、スタジオ回りは、楽しい日課になった。こうして、理由をつけて、トレース、彩色、美術などのセクションを回り歩くという楽しみができた。なにしろ、あちこち美人だらけで、歓待してもらえるのだから、若者にとっては、仕事を越えた目標になるのも当然だろう。

ところが、ぼくの夢は、まもなく粉微塵に砕け散ってしまった。なんと、ふたりの節子には、すでに決まった相手が存在したのだ。しかも、川崎節子のほうは、組織上は上司に当たる文芸課長の石津嵐の彼女だと判明した。上司の彼女に、ちょっかいを出したりすれば、今後の仕事に差し支える。親切に美術の仕事について教えてくれたのは、ぼくに気があったせいではなく、シナリオライターでこういう奴が行くから、いろいろ教えてやってくれと、彼氏の石津から言いふくめられていたからだった。

また、『鉄腕アトムクラブ』編集部の桜井節子のほうは、制作の岸本吉功の彼女だと判明した。こちらも、残念ながら、あきらめるしかなかった。

後日談のほうも、ここで披露してしまおう。石津嵐と川崎節子は、その後、結婚した。ぼくが結婚した後も、家族ぐるみで付き合い、両夫婦そろって子連れで海外旅行に行ったこともある。しかし、石津が、磐紀一郎《ばんきいちろう》というペンネームで時代作家としてデビューしてから間もなく、ふたりは別れてしまった。夫婦の間には、他人にはうかがいしれない事情があったのだろう。石津節子は、前夫の姓だが、クリエイターとして知られている姓を捨てるわけにもいかず、そのままの名で、アニメの背景美術の巨匠として、今なお活躍し続けている。また、娘の石津彩も、もちろん子供のころから知っているが、声優・女優として、人気を得ている。

また、岸本吉功は、後に虫プロが倒産に追い込まれたとき、何人かの有志とともに、サンライズを立ち上げ、社長として才能を発揮し、やがて富野由悠季を起用し『機動戦士ガンダム』を世に送り出し一時代を築いたが、若くして亡くなった。アニメの隆盛を築いた功労者の一人で、まことに惜しまれる。岸本節子とは、その後さるイベントで再会し、これまた、家族ぐるみで付き合う時期があった。幼い子供たちとともに、海外旅行に行ったこともある。夫亡き後、立派に子どもたちを育て上げた。

ふたりの節子には、振られる形になったが、仕事面では順調だった。またアニメの各セクションを回り歩いたことは、美女にかまけていただけでない収獲につながった。

アニメの音

自分が書いた回の録音にも、立ちあったことがある。さすがに、録音までは、虫プロではできない。六本木のスタジオを借りて行なうわけだが、あれこれ苦労があった。そういった点については、明田川《あけたがわ》進、田代敦己などから、教えられた。アニメにとって、いかに音が大切か、よく判った。シナリオでは、SE《エスイー》（音響効果《サウンド・イフェクト》）で簡単に済ましてしまうが、アニメの音というのは、実際にない音もあり、実写と比べると大変なのである。

その証拠に、虫プロ内で行なわれる最初の試写くらい、退屈なものはない。できたセル画を、一枚ずつ齣撮《こまど》りして、いちおう完成するのだが、編集前の16ミリフィルムを、ただ写すだけだから、まったく迫力がなく、締まらないことおびただしい。効果音、台詞、音楽などが入って、初めてアニメらしくなる。

録音スタジオでは、アトムの声を担当する清水マリにも出会った。だいぶ後のことになるが、当時の声優は、現在と違って、あくまで裏方で、いろいろ苦労があったという。実際、ぼくが在籍した間にも、一つの椿事《ちんじ》が起こった。

清水マリが出産で、どうしても二、三回は代役を立てなければならなくなった。これには、社内がパニックになった。極秘扱いになり、まるで戒厳令のようだった。アトムが出産では、イメージダウンになると、考えたからだろう。今なら、生身の声優が声をアテレコしていると判ってもらえるが、当時は、そうした認識すら一般的ではなかったのだ。清水マリは、出産後いくばくもなく、仕事に復帰してくれた。おかげで、視聴者からの違和感のようなものは、あまり出なかったようだ。

優秀な人材

虫プロは、多くの人材を世に送り出した。ぼくに続いて、オリジナル脚本家第二号となる辻真先は、後に推理作家協会賞を取る。口はばったい言い方になるが、ぼくも創世記のアニメ界には、いささか寄与したと自負している。演出家、アニメーターでは、虫プロ出身者が、今ではレジェンドになるくらいだ。あまり触れられていないが、この録音の分野も無視できない。田代敦己は、録音専門の会社タックを立ち上げ、この世界のオーソリティになった。また、明田川進も、この業界の草分けとして、回想録を残し、後身を育てた。

現場を知ることで、シナリオの精度が向上した。シナリオで、ゴンドラだのマルチだのという指示まで出せるようになったのは、あれこれ勉強したからだ。

出崎統と組んだ「怪鳥ガルーダの巻」も、好評だった。これは、手塚の興味の方向性を忖度して書いたシナリオである。手塚の原作に「地上最大のロボットの巻」がある。多くのアトムの中でも、十指に入る傑作である。事実、この作品は、後に浦沢直樹によって、漫画としてリメイクされている。音楽などでは、他人のヒット曲を別な歌手がカバーすることも珍しくないが、漫画では異例だろう。浦沢は、手塚作品を踏まえながら、新たなオリジナリティを加え、『プルートゥ』を成功させている。

こうした対決テーマの裏には、手塚の興味関心が、どういった方向性を持っていたかが、示されている。手塚は、時流に敏感な人だった。当時、山田風太郎の忍者小説が大人気だった。甲賀、伊賀などの忍者が、ひとり斃れ、ふたり斃れ、対決するという趣向ばかりでなく、それぞれの忍者が持つSF的とも言うべき超能力を、「忍法ナントカ」と口走るという段取りも人気の元となっていた。こうしたトレンドを、手塚は、対決テーマとして援用し、「地上最大のロボットの巻」を描いたのである。

ぼくは、手塚の目下の興味を忖度して、「怪鳥ガルーダの巻」のシナリオを書いた。アトムが対決する相手は、鳥型のロボットである。アトムが地上で敵と戦うシーンは少なくないが、アトムが空を飛べるという能力を生かして、上空から降下して鉄拳を振るうケースが少なくない。そこで、アトムを上回る空飛ぶ能力を持つ敵を設定してみた。演出の出崎統が、派手な空中アクションのシーンを、巧く描いてくれたので、大成功になった。その出崎は、後に若くして世を去った。

また、「ロボットポリマーの巻」では、まだ演出家としてデビューしたばかりの富野喜幸（のちに由悠季と改名）と組んだ。ポリマー（高分子重合物）でできた透明ロボットを、富野は巧い絵面で表現してくれた。ただ、さる人から、批判を加えられた。プラスティックは電気を通さないから、ロボットとは非科学的だというのだ。その時は、ぎゃふんと言わされたものだが、のちに、この批判が当たらないことが証明される。白川秀樹博士が、電気を通す高分子化合物を生成し、ノーベル賞を受賞したからだが、アトムの当時は、もちろん知るよしもなかった。

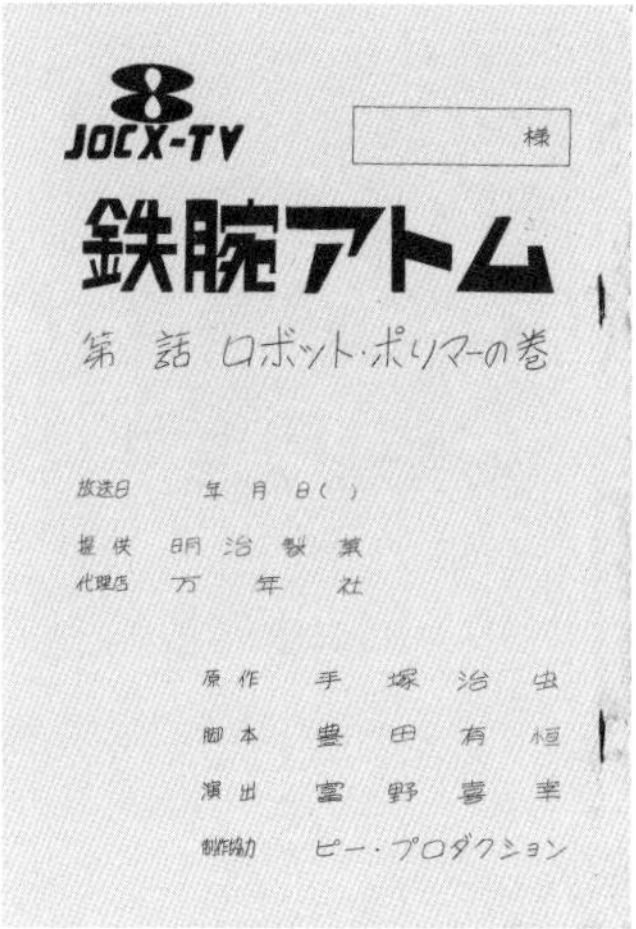
8
JOCX-TV
様
鉄腕アトム
第　話　ロボット・ポリマーの巻
放送日　年　月　日（　）
提供　明治製菓
代理店　万年社
原作　手塚治虫
脚本　豊田有恒
演出　富野喜幸
制作協力　ピー・プロダクション

『鉄腕アトム』
「ロボット・ポリマーの巻」台本

こうして、手塚治虫にも信頼され、『鉄腕アトム』の仕事は、順調に進んでいくかに見えたのだが、好事魔多しという譬えどおり、ある誤解が発生してしまった。

拡大路線

当時、虫プロは、拡大路線を取っていた。『アトム』以外にも、手塚の人気作品は、数多く世に出ている。そこで、アニメ人気に応えて、別な作品もテレビ化することになった。例のたこあしのようなスタジオも、さらに増えていた。

　次の候補に挙がったのが、『ジャングル大帝』だった。これは、山本暎一をチーフとして、進められることになった。シナリオのチーフは、ぼくよりやや遅れて『エイトマン』にも加わった辻真先である。オリジナルシナリオを書けるライターは、多くはない。辻は、アトムと兼ねて、『ジャングル大帝』に加わることになった。ここでもシナリオ不足で、ぼくも駆り出されて、一編だけ手伝っている。

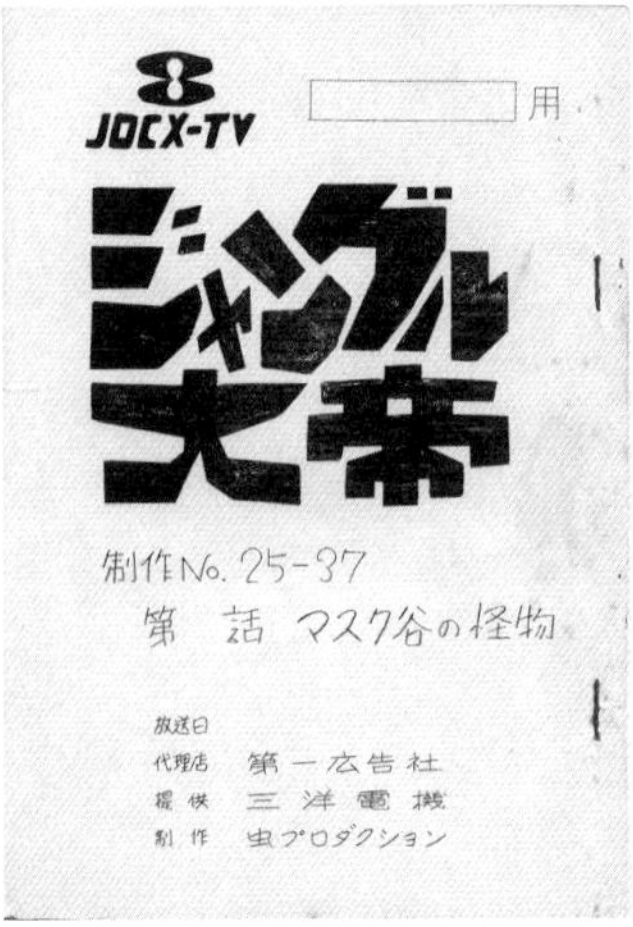

『ジャングル大帝』
「マスク谷の怪物」台本

新番組『ナンバー7』

　一方、ぼくには、アトムと掛け持ちで、別の新番組を進めろという社命が下った。『ナンバー7』という新企画で、こちらのチーフは、坂本雄作だった。山本、坂本のふたりは、大げさではなく、虫プロの竜虎とでもいうべき逸材で、手塚にも信頼されている。そこで、新たに放映する予定の二つの新番組に、山本、坂本のふたりを演出のチーフとし、ベテランの辻とぼくを脚本に当てることにしたのである。

『ナンバー7』の原作は、雑誌『日の丸』に二年にわたって連載されたSF漫画で、きわめてSF色が強い作品だから、もともとSF作家志望のぼくには、ぴったりの企画である。

おおよその設定は、こうである。核戦争後の地球は、異様なミュータントがはびこる荒廃した世界で、この時あるを期して百年前に冷凍冬眠させられた主人公は、生き残りの人々が住む人工衛星の基地から地球上へ降りて、多くの冒険をかさねる。下手をすると、絶望的な世界を描くだけで終わってしまい、救いがなくなる。手塚は、ここで、ある試みを企てた。場違いのように、可愛いペットを登場させようとしたのである。現在のご当地キャラ、ゆるキャラのブームを先取りしたような発想で、ここにも手塚の先進性が見受けられるのだが、これは副産物のようなもので、ぼくの想像だが、「イルカ文明の巻」におけるピピ王子の成功が、影響していたのかもしれない。ともあれ、可愛い狂言回し役として、リスのようなペットを考えた。

一方、ぼくは、『ナンバー7』に使えそうなアイデアを、あれこれ考えはじめたところだった。坂本とは、「ラフレシアの巻」で組んだことがあるから、気心が知れている。坂本も、アトムなどあれこれ兼務で、猛烈に忙しい。坂本が、何気なくつぶやいた言葉が、今も記憶に残っている。

「有《あり》ちゃん、今頃、外では桜が満開だろうな」

忙しくて、スタジオから一歩も出ていなかったのだ。当時の虫プロは、若い集団の熱気にあふれていた。今でいうサービス残業など、ものともしない雰囲気だった。

手塚の激怒

そんなある日、ぼくは、石津を介して、手塚に呼ばれた。石津も具体的なことは聞かされていないが、手塚は思いつめたようで、なにか重要なことらしいという。ぼくは、スタジオではなく、自宅と続いているピアノのある例の応接室へ行かされた。ややあって、手塚が来る。叩きつけるようにドアを閉め、中から鍵をかけるなり、大声で叫びたてた。

「困るじゃないですか？」

イントネーションが、上ずっている。激怒しているのだ。こんなときでも、手塚は、例のですます調を崩さないが、ぼくは、すっかりすくみあがった。いったい、なぜ、手塚が激怒しているのかさえ、まったく見当もつかない。手塚は、背信行為、裏切り行為などと、激しい言葉で罵るのだが、何のことか、さっぱり判らない。聞いているうちに、だんだん、ぼくのほうも、肚が立ってきた。なにを叫んだのか、詳しくは覚えていないのだが、なにやら言い返した記憶だけは、残っている。とうとう、辞めてやると、叫んでしまった。ぼくは、座を蹴るようにして立ちあがり、手塚が内側から閉めた鍵を自分で開けて、そのまま虫プロを飛び出してしまった。

それから、ほぼ一週間ばかり、茫然としていた。なにがどうなったのか、自分でも見当がつかない。尊敬する手塚に向かって、怒鳴り返したことを後悔してはいたものの、釈然としない気持ちのほうが強かった。悶々《もんもん》としながら、ひと月ばかりが過ぎた。それ以後、虫プロには出勤していないから、私物も自分のデスクに置いてきてしまった。べつだん、ろくなものはなかったが、唯一、惜しかったのは、あこがれの手塚を真似して、買ったばかりのベレー帽だった。

虫プロ退職

このままでは、人生も終わりになる。そのころ、旺文社の『中一時代』という雑誌に、写真小説を連載していた。担当の石川卓二という編集者、型破りな人で、学習雑誌に、初めてスポーツ欄、芸能欄を設けた。受験生も、息抜きのページが必要だと主張して、強引に通してしまったのだ。石川は、ぼくが虫プロに就職したと聞いて、動画プロを舞台に、なにか書けと迫る。写真小説という性格から、髭面の石津嵐に悪役として出演してもらい、虫プロ文芸課を舞台に、ある月の読み切り写真ミステリーを書いたこともある。石川は、のちに旺文社の常務になるが、ぼくがバイクＶＦ７５０Ｆを買ったとき、見せびらかすつもりで、旺文社を訪れたところ、ちょっと乗せてくれという。石川は背広姿のまま、ＶＦ７５０Ｆに跨ったかと思うと、その場でアクセルターンをやってのけた。旺文社の駐車場の係が、目を丸くしていた。常務ともあろう人が、マッドマックスの映画のように、バイクを扱ってみせたからだ。

話が横道にそれたが、そんなわけで旺文社の連載の一月分の原稿料二万円だけしか収入がなくなった。当時、付き合いはじめた家内の久子とのデートは、むりして見栄を張った高級レストランから、たちまちラーメン屋に格下げになった。さすがに虫プロを飛び出したとは言えなかったが、久子のほうも不審には感じたらしいが、問い詰めるようなことはしなかった。

そんなとき、ＴＢＳの河島治之から電話を貰った。実は、『エイトマン』の仕事が、例の不祥事で終わることになり、次の企画は未定なままだが、ぜひ参加してくれという依頼を受けたものの、断った経緯があった。『エイトマン』のほうが先だから、親友の平井和正への義理もあって、このことは手塚も承知している。しかし、虫プロの嘱託という身分を与えられている。新たな他社の企画を、おいそれと受けるわけにはいかなかった。また、アトムのほか、『ナンバー７』を書くとなると、時間的にも余裕がなくなる。

「虫プロ、辞めたそうだな」

河島は、念を押すような口調で切り出した。どうして知っているのか、いぶかったものの、ぼくは、そうだと答えた。河島は、こういう情報は、狭い業界だから、すぐ知れ渡るというようなことを言ってから、例の新番組のことだがと続け、ぜひとも加わってくれと、頼みこんできた。

ぼくは、嬉しかった。いったん、にべもなく断ってしまったのに、ぼくの窮状を察して、再び声をかけてくれたのだ。河島には、シナリオライターとして、育ててもらった恩もある。また、虫プロを飛び出してしまった今、他に選択肢はなかった。こうして、ぼくは、また古巣のＴＢＳの漫画ルームへ舞い戻ることになった。

ただ、手塚との悶着は、不可解なままで、心に引っかかっていた。手塚のぼくに対する信頼は、絶対と言っても過言ではないほど、肌で感じていた。あるとき、社員やスタッフに、ＳＦマインドを教えてやってくれとまで言われた。この期待には、さすがに自分の仕事が手いっぱいで、応えられなかったものの、手塚自身がＳＦファンだから、石津など身近な人間には、ＳＦの面白さを説くことも少なくなかった。

ある日、親しくしていたシナリオライターが、突然、ぼくと口をきいてくれなくなった。挨拶しても無視される。変だとは感じたものの、わけがわからないままだった。あとで、別な人間から聞かされた。かれは、映画学科を出たプロだが、手塚の原作が使い果たされ、脚色の仕事がなくなり、閑職に追いやられていた。一念発起して、アトムを使ったオリジナルシナリオを書こうと志し、シノプシスを提出したところ、にべもなく言われたという。

「これでは、駄目です。豊田氏のような良いアイデアを、考えてきてください」

かれが、ぼくに白い目を向けたのも当然だろう。手塚には、人使いという点で、かなり問題があった。かれのプライドを考えれば、酷い扱いだろう。もう少し、角の立たない言い方もあったはずだ。身に覚えのないところで、妙な恨みを買うことになってしまったが、それほど手塚は、ぼくを信頼してくれていたのだ。

やがて誤解は解け、もともと優しい人だから、手塚も気にしてか、誤解の埋め合わせをしてくれることになるのだが、それには、さらに数年を要することになる。

8

再びＴＢＳへ――『スーパージェッター』『宇宙少年ソラン』

ＴＢＳからの要請

『エイトマン』が絵を担当した桑田次郎の不祥事から、延長されなくなり、ＴＢＳはぼくと辻真先に対して、新たなアニメ番組に加わるよう要請してきた。どういう事情だったのか、平井に尋ねても、答えてくれなかったが、新番組には加わらないことになった。もしかしたら、桑田次郎の件に連座したようなかたちで、ＴＢＳから要請がなかったのかもしれない。

平井は、小松左京と組んで、実写とアニメの合成で『宇宙人ピピ』を、ＮＨＫで発表することになる。実写とアニメの合成は、ディズニーも『南部の歌』で試みているものの、違和感を持たれがちで難しいものだが、低予算の割には、良い結果をもたらしたと言えよう。

なにしろ、『エイトマン』では、連載が始まった直後にテレビ化の話が持ち上がったため、ぼくや辻が描いた脚本は、原作にないオリジナルな話を、新たに創り出すという仕事だった。その点、『鉄腕アトム』は、最初の一年は、手塚治虫原作があったから、オリジナルの脚本を必要としていなかった。つまり、ぼくが日本アニメのオリジナル脚本家の第一号、辻真先が第二号ということになる。

ぼくと辻には、新たにスタートさせる二つの番組『スーパージェッター』『宇宙少年ソラン』

の双方に噛んでほしいという。辻のほうは、虫プロとの関係も継続するという。虫プロの『ジャングル大帝』もやりながら、ＴＢＳの新番組にも関わる。ぼくを放逐したあとだけに、残るベテランの辻を、虫プロ側も熱心に引きとめたわけだろう。アニメなどという言葉もない時代で、オリジナルシナリオを書ける人間は、多くはない。他の分野の人々の手も借りなければならなくなる。そこで、ぼくと辻が、毎週の打ち合わせでも、いわば先輩として助言してくれということらしい。

『スーパージェッター』の仲間たち

漫画ルームに再び顔を出した最初は、『スーパージェッター』の仕事のほうだった。最初の打ち合わせで、ぼくは、たいへん驚かされた。なんと、そこに、ＳＦコンテスト同期入賞の筒井康隆、眉村卓がいたのである。ふたりとも、ぼくや平井より四歳年長で、いい兄貴分のような存在だった。その二人が、加わる話は、河島からも聞いていなかった。サプライズのつもりで、わざと教えてくれなかったのかもしれない。

また、そこには、エイトマン以来の旧知の先輩がいた。アニメのシナリオでは、こっちが先輩だが、作家としては向こうが先輩である。加納一朗である。加納は、同じ『宇宙塵』の同人だが、当時のSF界では、たった二人しかいないプロ作家のひとりだった。一人は、江戸川乱歩に認められて、いち早くデビューした長老の星新一。そして、もうひとりが、この加納一朗だった。ただ、あいにく加納は、SFではなく、推理小説の単行本を出してデビューしたのだが、『宇宙塵』の同人でもあり、SFの理解者としては、申し分のない先輩だった。

加納は、明治の文豪山田美妙の孫に当たる。当時、もう辞めていたと思うが、映写技師だった経歴がある。商売柄、映画、映像には、きわめて造詣が深かった。

面倒見のいい人で、公私ともに世話になった。医学部を追い出されたことで、なかば勘当状態だったぼくに、久子との結婚に際して、結納のやり方や、エンゲージリングの買いかたにいたるまで、親身になって教えてくれた。

平井も、ふたりしかいないプロ作家のひとりとして、加納に心酔して、自宅を訪れていた時期もあったのだが、『エイトマン』が打ち切りとなり、新番組に加わらなくなった時点で、加納とは疎遠になってしまった。たぶん誤解なのだろうが、自分が手がけた『エイトマン』の漫画ルームが、加納の手で乗っ取られたような気分になっていたのだろう。

今も、平井には感謝している。アニメ界で活躍するチャンスを与えてくれたことを恩に着せ、平井と同調してTBSと縁を切れというようなことは、一言も口にせずに、以前と同様に親友として付き合ってくれたものだ。

「タイムパトロール」の設定

ぼくが、古巣の漫画ルームに舞い戻ったころ、新番組『スーパージェッター』のフォーマットは、おおよそ決まっていた。加納が音頭を取ってまとめたらしいのだが、加納、筒井、眉村という強力なメンバーだったから、ほぼ完璧に近い設定になっていた。タイムマシン流星号、パラライザー、反重力ベルトなど、魅力に満ちたSF的な小道具も豊富である。

『スーパージェッター』セル画

日本最初のタイムトラベルSFアニメだが、一点だけ不満があった。それは、主人公のジェッターは、三十一世紀から来たタイムパトロールだが、この二十世紀（当時）で、愛用のタイムマシン流星号のタイムトラベル装置が壊れてしまい、三十一世紀には戻れないと設定されていた点である。せっかくのタイムパトロールという設定が、これでは生かせない。

そもそもタイムパトロールという単語は、アメリカのSF作家ポール・アンダースンが『時の守護者（Guardian of Time）』で、初めて作り出した単語である。タイムマシンが実用化されると、過去へ遡って、歴史を変えようとする不心得者が現れかねない。そこで、かれら時間犯罪者を取り締まる目的で、遥か未来にタイムパトロール本部が設けられ、歴史を監視することになるという設定である。

ポール・アンダースンは、ぼくがタイムトラベルSFを手掛けるようになった大恩人であり、のちに来日した際は、恩返しに鎌倉を案内したものである。権利関係がうるさいアメリカでは、たぶんポール・アンダースンの著作権に抵触すると考えたのか、タイムトラベルSF映画『タイムコップ』（ジャン・クロード・ヴァンダム主演）では、タイムパトロールと呼ばずに、タイムコップという名称を使っている。日本では、ぼくの一連の作品や、ドラえもんなども、タイムパトロールと呼んで、そのまま使っているが、片仮名表記なら、許されるのかもしれない。

ともあれ、せっかくタイムパトロールを登場させるのに、タイムトラベルできないというのでは、手足を縛られて相撲をとるようなものだ。こういう設定になったのは、TBS側の事情らしい。アニメ番組が増えると、三輪俊道、川島治之の二人では、手が回らない。アニメ制作だけは、TCJへ外注だが、声優との打ち合わせ、録音など、あれこれ仕事が増える。そこで、どちらの番組にも、サブのプロデューサーが付くことになったが、もちろんアニメもSFも素人である。だいぶ後のことになるが、SF的なアイデアを出したところ、即座に拒否反応を示されたことがある。サイボーグだか、超能力者だか、よく覚えていないのだが、敵として設定したところ、こう言われた。

「そんな難しいものではなく、なにかの陰謀団と戦わせたら、どうでしょうか」

陰謀団ときたものだ。当時二十代だったぼくより、七、八歳上の人だったから、無理もない話だが、サイボーグや、超能力者でも、難しいというのだから、タイムトラベルが理解できないのも、いわば当然だろう。SFは、タイムパトロールのジェッター、宇宙人のソランなど、スーパーマンの製造法でしかなく、スーパーヒーローさえ出来あがれば、あとはSFお断りというのだ。実際にタイムトラベルや、宇宙SFなどが、出てきてしまっては、理解に困るのだろう。ぼくより一回りも年上の関係者には理解できなくても、ぼくより一回りも年少の視聴者は、漫画で育ってきているから、理解できるばかりでなく、こうしたSF的なものを大いに望んでいるのだ。

ぼくは、しばらくしてから、どうにも我慢できなくなり、三輪や河島に泣きついて、フォーマットを変えてもらった。ジェッターは、三十世紀のタイムパトロール本部と連絡が取れることになり、未来から迎えた修理班の手で、流星号の時間航行能力を蘇らせる。そのうえで、ジェッターは二十世紀駐在員に任命されることになる。こうしておけば、タイムトラベルのストーリーも、可能になる。

大仇・ジャガー

また、もう一点、フォーマットを変えてもらった。それは、大仇《おおがたき》の設定である。これをパソコンで変換すると、大型機と出てしまうのだが、業界用語で主人公に敵対する強力な敵のことである。水戸黄門における柳沢吉保、シャーロック・ホームズにおけるモリアーティ教授、『宇宙戦艦ヤマト』でいえばデスラー総統のような存在で、単なる悪人ではなく、魅力的なキャラクターでなければならない。

こうして設定したのが、ジャガーという大仇である。ジャガーは、時間犯罪者で、歴史改変を狙っている。あるとき、ジャガーは、古代マケドニアから、少年時代のアレキサンダーを拉致して、現代に遺棄してしまう。アレキサンダーを発見したジェッターは、最初は信じないのだが、真相を知って驚く。

もし、少年アレキサンダーが、このまま現代に留まれば、歴史が変わってしまう。当然、アレキサンダーの世界帝国も成立しなくなる。ジェッターは、アレキサンダーを送り帰すため、流星号でマケドニアの王都ペラへ飛ぶ。ジャガーは、マケドニアの権臣アッタロスと組んで、フェリポス王の不在を狙って、王子アレキサンダーを拉致したわけだ。ジェッターは、王子アレキサンダーの母オリンピア王妃や、家庭教師アリストテレスと協力して、蔭ながら援助してジャガーを捕え、アッタロス一味の陰謀を阻止して、マケドニアを救う。

サブのプロデューサーは、難色を示したが、この「過去への挑戦」は、大好評だった。視聴者のほうが、逆にタイムトラベルというSF的な状況設定を、なんの抵抗もなく受け入れてくれたからだ。

『スーパージェッター』セル画
悪役(ピューマ&ジャガー)

実は、アレキサンダーは、ジェッター以来、なんとかSF小説の作品にしたいと考えてきたテーマだった。アレキサンダーは、三十一歳で熱病のため死んだとされる。タイムトラベラーが、抗生物質を与えて、アレキサンダー大王の命を助けてしまう。アレキサンダーが生きていれば、マケドニア・ペロポネソス半島からから北部インドに及ぶ世界帝国(ecumenical empire《イキュメニカル・エンパイア》)は、瓦解せずに存続する。アレキサンダーが熱病から回復すれば、その後の歴史も変わってくる。例えばエジプトだが、大王配下の武将プトレマイオスが、新たな王朝を建てるわけだから、大王健在なら、プトレマイオスの子孫にあたるクレオパトラも、当然のごとく存在しなくなる。こんなふうに、いろいろシミュレーションをやってみたのだが、その後に現れるパラレルワールドの世界史を巧く構築できず、とうとう作品にならなかった。

また、十年ばかり前のことだ。歴史好きのSFファンが遊びにきたとき、アレキサンダーを話題にしたところ、コリン・ファレル主演の映画の話になった。かれが言うには、子供のころ観た『スーパージェッター』に出てきたアッタロスという人物が、この映画にも登場したので、驚いたそうである。アニメのなかの登場人物の名を、覚えていてくれたわけだが、よもや実在とは考えなかったらしい。

久松文雄と長岡秀星の起用

『スーパージェッター』の絵と、雑誌の漫画連載には、久松文雄が起用された。当時まだ無名に等しかったが、しっかりした絵を書く漫画家で、将来性は十分だった。ジェッターそのもののキャラクターも、ほとんどTBS側から手直しを命じられることなく、久松の絵どおりに採用されたという。

私ごとだがのちに、ぼくは、中日新聞の家庭欄にジュブナイル絵物語を、久松と組んで一年間にわたって連載した。のちに単行本になる『マーメイド戦士サブ』だが、この時、出版社の意向で、絵物語という形式を取るわけにいかなくなり、ぼくの文章だけで本にした。久松は、のちに古事記を漫画化することになるが、上っ面の理解でなく、実際に古事記を読みこんで、判り易く漫画にしている。勉強家なのだろう。

また、タイムパトロールの本部がある三十一世紀のデザインは、長岡秀星に依頼した。まだ、長岡は、それほど有名ではなく、渡米前の最期の仕事だったらしい。河島が同じ絵描きの立場から才能を認めて、選んだものだという。アメリカに渡った長岡は、アース・ウィンド&ファイアー（Earth, Wind & Fire）やカーペンターズ（Carpenters）などのレコードジャケットのデザインでブレークし、世界的な名声を勝ち得た。

また、『スーパージェッター』では、日本のアニメ史上、おそらく最初で最後の好条件が提示された。山村、加納が、専門家と相談したうえでのことだったのだろうが、推理作家協会において、テレビ・ラジオ委員会なる部署を設けた。今後、映像化される会員の作品の著作権を守ろうというわけだ。

ジェッターは、その最初のケースだったらしい。ＴＢＳとの交渉の経過は、よくわからないながら、われわれ原作グループに、二次著作権を認めさせ、商標化収入の歩合を保証するという契約になったのである。著作権として還元される半分は、絵と雑誌漫画を担当する久松文雄に、そして、残りの半分をライター陣にということになった。クリエイターの権利を守る画期的な取り決めだったろう。おかげで、筒井やぼくは、結婚式の費用を賄うことができた。また、ジェッターの脚本料が入ることになったから、久子とのデートも、ラーメン屋を返上して、フレンチやイタリアンに戻すことができた。

もう一つのペンネーム

一方、『宇宙少年ソラン』の企画会議に出たときのショックは、ぼくの人生でも超が付くくらい大きかった。ソランは、宇宙人という設定だけで、細かいフォーマットらしいものは、あまり決まっていなかったのだが、そのソランが連れているペットが、衝撃的だった。なんと、宇宙リスで、チャッピーという名だという。リスといえば、手塚治虫が、『ナンバー7』で登場させようとしたサブキャラクターである。そのリスが、なぜ『宇宙少年ソラン』に登場するのか、さっぱり判らない。ともあれ、キツネにつままれたような気持ながら、『宇宙少年ソラン』の仕事にも、加わることになった。

この時、ＴＢＳ側から、一つだけ条件がついた。『宇宙少年ソラン』のほうは、別のペンネームで書いてほしいという。つまり、新番組の両方に、同じ脚本家の名が並ぶのは、いかにもＴＢ

Sに人材が乏しいように聞こえるから、変えろというわけだ。実際、アニメのオリジナル脚本家など、他にいないのだから、人材が乏しいのは事実だ。後で変えられるから、取りあえずペンネームを考えろという。

辻は器用な人だから、その場で桂真佐喜というペンネームをひねりだした。ところが、ぼくは、ペンネームといきなり言われても、とっさには思い浮かばない。そこで、『エイトマン』『鉄腕アトム』などで、モニター代わりに使っていた甥の名を思いだした。後で変えられるというから、とりあえず石原弘一としておいた。ところが、ここで齟齬が生じた。ペンネームのほうは、ただちに番宣にまわされ、印刷され各方面にばらまかれてしまった。その後、当時、小学生だった甥の石原弘一からは、『宇宙少年ソラン』の放映中は、クラスメートから羨望ともなんともつかない反応があり、困っているという悩みを突き付けられることになった。

リーダー・福本和也

『宇宙少年ソラン』のシナリオ陣は、『黒い秘密兵器』など、野球漫画の原作者として売れっ子の福本和也をリーダーとしてスタートした。福本は、「アニメは初めてだから、よろしく頼む」と、慇懃に頼みこんできた。一回りも目下のぼくに対して、なんという鄭重で温厚な人かと感心した記憶がある。福本とは、いろいろな想い出ができた。ご本人も亡くなっているし、いまさらバラしても、角も立たないだろうから、敢えて披露するが、河島やぼくと、ＴＢＳのビアラウンジで、軽くビールで打ち合わせを済ませたあとのことだ。

「豊田くん、飯食って帰ろうか、恵比寿に美味い店を見つけたんだ。これから行かないか」

福本に誘われたのは、初めてだったが、打ち解けたあとだけに、ぼくのほうに断る理由もない。ＴＢＳの坂上の駐車場から、それぞれの車でスタートした。ぼくは、行く先は恵比寿ということのほか聞いていないから、福本の車のあとに付いていく。当時は、駐車違反など、それほど厳しくもなかったし、また、車の数が多くはなかったから、路上駐車する余裕もあった。福本の車は、裏通りの塀のところに止まった。ぼくも、そのすぐ後ろに車を駐めて降りたのだが、いくら待っても、福本が車から出てこない。なんだか厭な予感がして、ぼくは、福本の車の運転席を覗きこんだ。すると、福本は、ハンドルに突っ伏せたまま、動かない。ぼくは、慌てて福本の名を叫んで、呼びかけた。すると、福本は、もぞもぞと起きだして言った。

「なんだ、豊田くんか、もう着いたのか」

その後、何事もなく、目的のイタリアレストランへ行き、食事をおごってもらった。ＴＢＳのラウンジで、軽くビールを呑んだだけだから、酔っていたとも思えない。売れっ子の漫画原作者の福本は、疲れていたにもかかわらず、アニメでは先輩格のぼくに気を遣って、食事を奢ってくれたのだろう。居眠り運転の事故にならなくてよかった。

福本とは、その後、共通の話題も見つかった。それは、飛行機である。しかし、ここでも、ぼくは、以前と同じ過ちを犯してしまった。もともと車のプロであるTCJの村田英憲に車談議を挑んで、軽く一蹴されたエピソードは、前に紹介した。ぼくは、同じ乗りで、飛行機を話題にした。戦記雑誌『丸』など愛読していたから、いっぱしの軍事オタクのようなつもりだった。ところが、福本は、ぼくなど問題にならないほど、飛行機のことに精通している。しかも、操縦のことまで詳しい。

経歴を聞いて、仰天した。福本は、予科練の出身だという。若い人は知るまいから、説明しておくが、予科練とは、海軍飛行予科練習所の略で、戦前、戦時、少年飛行兵を養成するための組織だった。やがて敗戦になってしまい、飛行兵にはなれなかったが、福本は、空への夢を捨てきれず、パイロットの資格を取り、教官として若い人たちを教える立場でもあった。飛行機のプロに向かって、浅薄な飛行機の知識を振りかざしたのだから、なんとも恥ずかしい次第になってしまった。のちに、福本は、ぼくたちを、セスナで新婚旅行先まで、送ってやるとまで言ってくれた。そこまで甘える気はなかったが、福本のセスナには、同乗させてもらったことがある。

アニメの仕事から抜けて、何年か経ったときのことだ。ある晩、福本から久しぶりに電話を貰った。ところが、電話の口調が、ぼくの知る福本和也ではない。激怒している。温厚な福本が、こんなに怒っている場面には、『宇宙少年ソラン』の企画会議が紛糾した時ですら、一度も経験したことがない。なんでも、さる出版社で刊行された航空小説の翻訳が、間違いだらけだというのである。たまたま、その社では、ぼくの本も出してくれているし、雑誌にも書いている。福本とは縁のない出版社だったので、その社をよく知るぼくに、誤訳を伝えてくれというわけだった。ぼくは、電話口で、福本の指摘する個所をメモし、次に会った機会に、その社の馴染みの編集者に手渡したものだった。福本は、自分とは無関係のメディアでも、愛する飛行機に関して、誤った知識が蔓延するのが、どうしても許せなかったのだろう。

のちに、福本の葬儀に参列したときのことだ。各社の文芸の担当編集者のなかには、顔見知りも少なくない。何人かから、福本先生とは、どういう御関係かと、尋ねられた。航空小説家と、SF作家が、結び付かないようだった。ある時期、『宇宙少年ソラン』を通じて、毎週顔を合わせ、飯を食ったり、飛行機に乗せてもらったりした仲だと説明すると、ようやく納得してもらえた。

架空の歴史を創りだす

『宇宙少年ソラン』のほうは、福本たちが決めたフォーマットだが、宇宙から来た少年ソラン、そしてペットの宇宙リスのチャッピーというだけで、ほとんど設定らしいことは、決まっていなかった。一応は、もともと地球人だが、ソラン星でサイボーグ化されたということになっているが、このあたり、どんな機能があるのかも、定かではなく、逆にサイボーグだということは、番組中では描かれなかった。これは、ソランを担当したサブプロデューサーの意向だったらしい。

ジェッターの時も同様だが、三輪や河島のようなベテランは、判らないなりに、SF的な要素が必要だと理解してくれるようになった。ところが、アニメもSFも知らない人は、生身の人間では活躍できないから、主人公のスーパーマンを必用とするのだが、設定はスーパーマン製造法の域を出るものではなく、SF的なストーリーには拒否反応を示すのである。従って、主人公が戦う相手は、ギャング、陰謀団など、使い古された敵だけに限られてくる。

これでは、今の視聴者に受けないのだ。ジェッターのほうは、加納、筒井、眉村など、SF作家が噛んでいるから、しっかりしたフォーマットができたが、ソランは、宇宙人のサイボーグだから、人間より強いといった程度の設定しか、定まっていなかった。

ここでも、ぼくは、三輪に直訴したようなかたちで、大仇《おおがたき》を設定させてもらった。シルクロードの秘境に、ミュー一族というミュータントの家系が、歴史上ずっと存続してきたという設定である。既定のフォーマットを崩す気はなかった。

ぼくが決めたわけではないが、ソランの地球における庇護者は、古月博士という考古学者となっている。そこを活かして、発掘の途上で、ミュー一族と遭遇するという設定にしてみた。ジンギスカンの征服戦争なども、ミュー一族の超能力が背景になっていたなど、そこまでは踏み込めなかったが、架空の歴史を創りだし利用するわけだ。

手塚から学んだ方法論だが、なにかのトレンドを読んで、その要素を別なかたちで取り入れて、自分のものに仕立てる。そのころ、同期入賞の友人の半村良は、ぼくや平井より出遅れていた感があったが、ちょうど伝奇SFを手掛けはじめたばかりだった。まだ、ブレークしていなかったが、新しいジャンルである。

『宇宙少年ソラン』セル画
胡月博士と娘ミカ

半村が、伝奇SFを書きはじめたと聞いて、半村の母親が、電気SFと誤解して、電気が出てくる物語だと思ったほどで、のちに『妖星伝』など、半村の大ヒットとなる路線だが、まだ世に知られていないころだった。ムー一族という大仇は、伝奇SF風の設定なのである。

ぼくは、手塚治虫が恋しくなった。良いアイデアを出すと、膝を叩かんばかりに、打てば響くように相槌を打ってくれる。SFファンの手塚だからこその反応である。しかし、ここでは、良いアイデアを出しても、暖簾に腕押しのようで、張り合いがない。

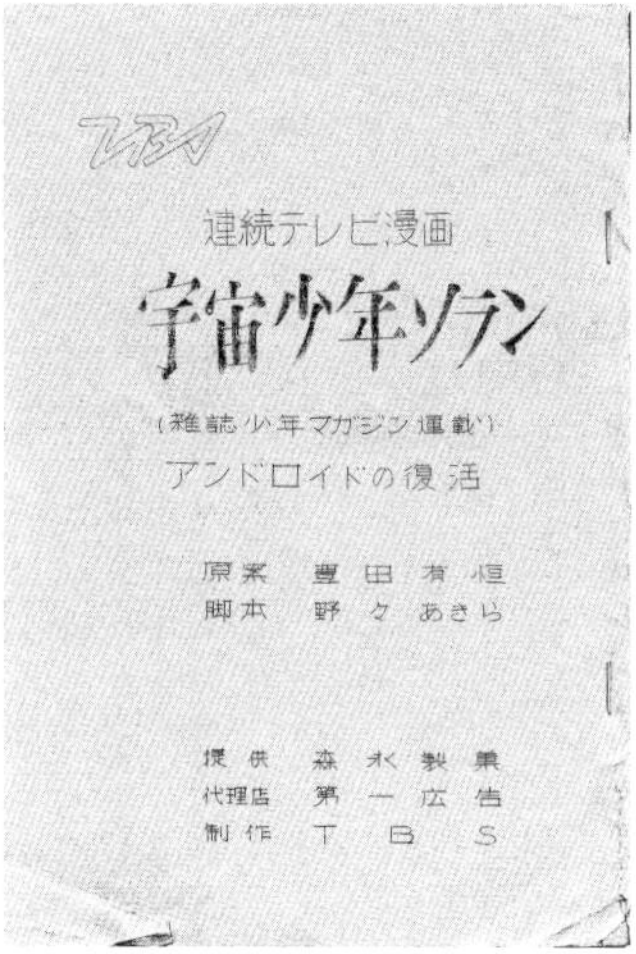

『宇宙少年ソラン』
「アンドロイドの復活」台本

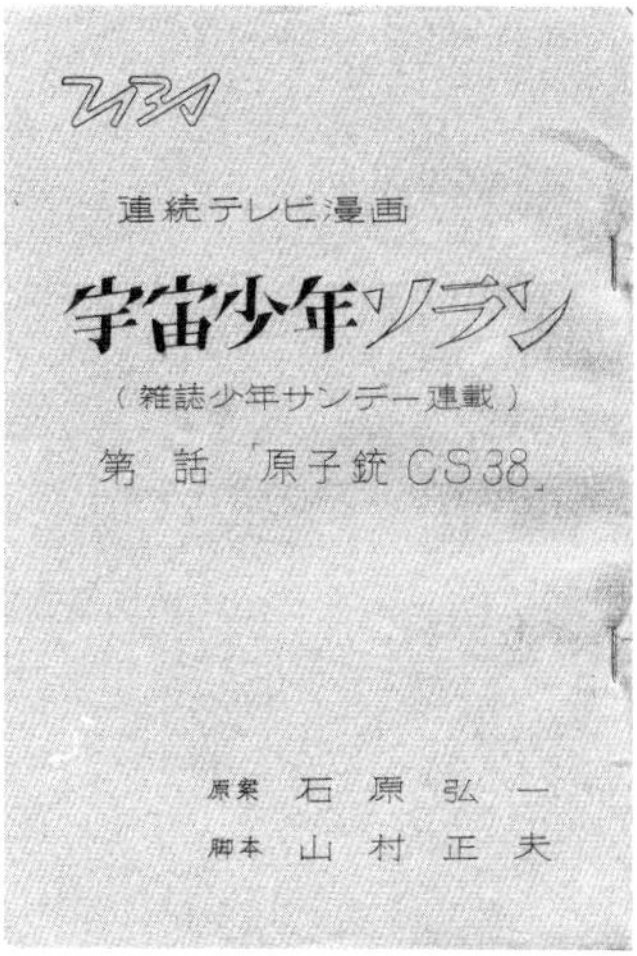

『宇宙少年ソラン』「原子銃CS38」台本

『宇宙少年ソラン』には、福本和也のほかにも、山村正夫、高橋泰邦、藤村正太など、ベテラン推理作家たちも参戦してきたし、映画界から来たライターも加わった。いずれも、本業では名のある人だが、アニメは初めてである。どこか、アニメの勘所《かんどころ》が外れている。これは、才能の問題ではない。むしろ年齢の差のせいではないかと、ぼくは密かに感じていた。いずれも、ぼくより一世代も上の人で、SFはもとより、漫画にもあまり親しんでいないジェネレーションだから、アニメ的な絵になる発想が苦手なのだろう。

　河島は、しばしば、他のライターのシナリオを、ぼくのところへ持参してきた。目を通してくれというのである。小説なら良い出来なのだろうが、どうにも絵にならないという。

これら先輩格の作家に、ぼくごときが添削のようなことをすれば、角が立つことは明らかである。ぼくは、断ったのだが、川島の懇望《こんもう》に負けた。ぼくごときが手を入れたとなると、怒られるにちがいない。そこで、TBS側の意見として、書きなおしを頼むというかたちになった。

中島梓の誤解

そのころ、しばしば出くわしたシーンがある。床に穴があいて、ソランが落とし穴に嵌るという場面である。これをアニメでやっても、面白くもなんともない。水戸黄門ならともかく、アニメの絵にはならないのである。アニメなら、逆に天井に穴があいて、吸い込まれてもいいわけで、主人公のピンチを設定するつもりなら、アイデアさえ注ぎこめば、なんでも可能なのだ。

『宇宙少年ソラン』に大仇のミュー一族を設定したことは、それなりに成功したのだが、ぼくは、だいぶ後になってから、おもいがけない誤解を受けることになる。中島梓（栗本薫）が、SF作家クラブに入会したばかりのことだ。彼女は、グインサーガ・シリーズなどで、大ヒットメーカーになるが、まだ、ブレークする前である。子供のころ、アニメファンだったと聞いて、『エイトマン』や『アトム』のシナリオを書いていたことを、やや自慢ぎみに話したあと、その次の仕事として、『ジェッター』や『ソラン』のことに、話が及んだ。すると、彼女、こう言う。

「それで、ソランのアイデアを、いただいたんですね？」

「いただいたって、どういう意味ですか？」

「だって、豊田さんの名は、タイトルになかったもの。あの『襲撃者』のアイデア、ソランと同じだから」

中島梓が無邪気に言うので、ぼくは唖然としてしまった。話し合ってみて、ようやく誤解の原因が分かった。『襲撃者』とは、ぼくが『SFマガジン』に書いた中編SFで、のちに短編集にも入れている。物語は、こうである。地球の遠征隊が、さる惑星に到着する。原住民は、一見すると原始的な生活をしているが、実は超能力をもっているため、機械文明を造らなかったのだ。地球人と原住民のあいだで、戦端が開かれる。地球人は、まったく歯が立たない。原住民は、それぞれ異なる超能力を持っているが、使う際には、相手にその能力をテレパシーで伝える。

山田風太郎の忍者が、自身の忍法を口にするシーンがあるが、それへのオマージュである。「超能力ロボット憑《つ》き」と言ったとたんに、地球人のロボット兵器は、原住民に操られてしまい、役に立たないどころか、かえって地球人を攻撃してくる。

この条《くだり》は、『ソラン』のミュー一族の話で、使ったものである。アニメと小説、違うメディアで、ストーリーも異なる。中島梓は、長いあいだ、ぼく、豊田有恒というSF作家は、アニメ『宇宙少年ソラン』の盗作をしたと、誤解したままだったのだ。『ソラン』では、別なペンネームを使えと命じられ、臨時だといわれたため、苦し紛れに甥の石原弘一の名をつかったところ、そのままになってしまったいきさつは、前に述べたとおりである。

人間、子供のころのことは、よく覚えているものである。中島は、『ソラン』の脚本のクレジットタイトルが、石原弘一となっていたことも覚えていた。ただし、それが、豊田有恒と同一人だとは知らないまま、中学だか、高校だかになってから、SFマガジンで、『襲撃者』を読むことになった。それ以来、豊田有恒というSF作家は、アニメ『宇宙少年ソラン』の盗作をしたと、ずっと誤解したままだったのだ。このときになって、やっと盗作の誤解が解けたのである。

もしかしたら、『宇宙少年ソラン』と『襲撃者』を、観たり読んだりした人が、他にもいるかもしれない。念のため、石原弘一は、『ソラン』における豊田有恒のペンネームだということを、この本のページを借りて、改めて断っておこう。

またもや手塚を怒らせる

『ソラン』に関しては、他にも予想外な経験をした。なんと、久しぶりに、手塚治虫から、電話をもらったのである。

「あなた、こんなアイデアの二重売りのようなことをして、恥ずかしくないのですか!!」

『ソラン』で書いたシナリオが、『アトム』における「イルカ文明の巻」と酷似していると、手塚が電話口の向こうで、怒っている。ぼくは、くどくどと言い訳がましいことを言ったが、手塚は激怒している。やがて、手塚は、叩きつけるように、一方的に電話を切ってしまった。ぼくは、受話器を置いたまま、しばらく、憮然としていた。

また、手塚を怒らせてしまった。もう、修復は不能だろう。悲しかったが、同時に、ある感想を抱いた。あの忙しい手塚が、虫プロを離れてからのぼくの仕事を、観ていたというのだ。妙な感想だが、ありがたいような気もした。『宇宙少年ソラン』まで、観ていてくれたとは、まさに驚きだった。

アイデアの二重売りと罵られたシナリオは、海底に人魚の王国があるとする物語で、海を舞台にしている点では同じだが、ストーリーは、「イルカ文明の巻」とは異なる。実は、これは、SFコンテストの入賞作『時間砲』の次に、小説として書こうと暖めていた物語だった。世界各国にある人魚伝説。それをムー大陸と結び付けて、SFに仕立てたいという構想は、ずっと持っていた。

「イルカ文明」より、こっちのほうがアイデアでは先だった。五万年前に太平洋に沈んだとされるムー大陸は、チャーチワードという人が、チベットの僧院で発見した文献によるというが、確かなところは判らない。ムー大陸を、先行する文明と解釈して、大陸が沈没するにあたって、高度の科学知識を用いて、海中で生きていけるように、人体を改造して、海中で生き延びたのが、人魚だとする。

今なら遺伝子改造などと理屈付けするところだが、当時そこまでは考えていなかった。イルカ文明のほうが、むしろ、このアイデアから派生したようなものだ。『ソラン』では、SF小説のため取っておいたアイデアを、シナリオのアイデアに詰まったあげく、一部を利用してシナリオにしてしまったのだ。

この構想が、先に挙げた『マーメイド戦士サブ』というかたちで、大人向けでなく、子供向けの絵物語として、ジェッターの久松文雄と組んで、やがて発表されることになった。主人公サブは、紀州の漁師と、命を助けられた人魚との間に生まれたハーフである。もともと同じ人類だったから、混血は可能だが、満月の夜だけ人魚に変身するという設定である。

虫プロからの電話

それから数か月ほど後のことだった。ある日、虫プロの石津嵐から電話がかかってきた。なんと、『鉄腕アトム』のシナリオを書いてくれというのである。手塚とのいきさつを考えれば、ありえない話だった。大喧嘩して去った虫プロの仕事を、ぼくなどができるわけがない。しかも、手塚から電話で怒鳴られたばかりだ。もし、石津の独断だとすれば、社長の意向に逆らうことになるから、進退問題になるだろう。

手塚の逆鱗に触れて去ったぼくと接触しただけでも、石津の立場が危うくなりかねない。ぼくは、一応は遠慮したが、『ソラン』ではSF的なアイデアが、通りにくいという不満を感じていたから、虫プロでの仕事が懐かしい気分もあった。ともかく、会って話そうということになり、久しぶりに、虫プロを訪れた。

なんだか、密入国でもするようで、おっかなびっくりで、制作室へ向かった。石津は、トレードマークの髭面で迎えてくれた。

「先生も、まだ吹っ切れていないが、承知だ」

石津は、妙なことを言いだした。

「手塚さんも、承知なのか?」

ぼくは、訊いた。これまでは、手塚先生とか、社長とか呼んでいたのだが、初めて手塚さんと呼んだ。あの時の屈辱が、ぼくを意固地にしていたのかもしれない。手塚と対等であろうと、虚勢を張っていたのだ。すると、石津は、かいつまんで説明してくれた。

『ソラン』に出てくる宇宙リスのチャッピーのことである。あれ以来、なぜ『ナンバー7』の企画が、TBSに漏れたのか、虫プロでも大問題になった。『エイトマン』以来、TBSと関係のあるぼくが、真っ先に疑われたのである。また、豊田が怪しいと、言い立てる人間もいたらしい。ぼくと同じ立場だが、辻真先は、温厚な人だから、敵が少ない。その点、ぼくは、いつも演出家と怒鳴りあったりしていたし、第一、社長の手塚に書き直しを命じられても、おいそれとは従わない。前に思いがけないところで、他人の恨みを買ってしまったことには触れた。豊田が怪しいと思う人間が出てきても、一向に不思議はない。

「ということは、ぼくが産業スパイだということにされ、手塚さんを怒らせたというわけか？」

ぼくは、納得したようなしないような気分で、訊き返した。あの時、手塚が、背信とか、裏切りとか言って、ぼくを怒鳴りつけたのは、そういう嫌疑を抱いていたからだと、やっとわかった。石津は、説明を続ける。この件では、石津も辻も、ぼくを信じてくれた。そして、真相究明にあたってくれたのだという。虫プロに出入りする人間で、手塚と親しく、TBSに知り合いがいるという人間は、それほど多くはない。手塚に『ナンバー7』の企画について、喋った相手を訊きだしてみると、おもいがけない人間が浮かんできたという。手塚とは親交があるが、業界人ではない。そのため、手塚は、うっかり新企画のことを、口走ってしまったという。その人が、知人のTBS幹部と世間話のついでに、虫プロの新企画について、喋ってしまったのだという。そのため、ぼくが濡れ衣を着せられたわけだ。

その人の名誉のために書いておくが、決して産業スパイというようなことをしたわけでなく、もちろん報酬など得ていない。ただ、アニメ業界の熾烈な競争について、まったく無知だっただけなのだ。TBSでは、早速イタダキということになり、漫画ルームに伝えられ、宇宙リスのチャッピーとなってしまったのだが、TBS内部の経緯については、石津や辻もあずかり知らないことである。また、宇宙リスの採用のいきさつについて、ぼくは、河島や三輪を問いただす勇気を持たなかった。結局、TBSに先を越され、虫プロでは、『ナンバー7』の企画をあきらめ、新たに『ワンダー3』を制作することになった。

手塚との和解

ともあれ、その件に関しては、ぼくの冤罪は晴れたわけだが、「イルカ文明の巻」のアイデア二重売りという嫌疑は晴れていなかったから、手塚は、まだ、ぼくと会う気にはなれなかったようである。しかし、虫プロは、相も変わらず、シナリオ不足だった。石津自身も、ぼくや辻に感化されて、SF小説を読むようになり、SF的な発想を会得したらしく、オリジナルシナリオを書くようになっていたが、それでも賄《まかな》いきれない。改めて豊田の手を借りることに、OKを出したらしい。

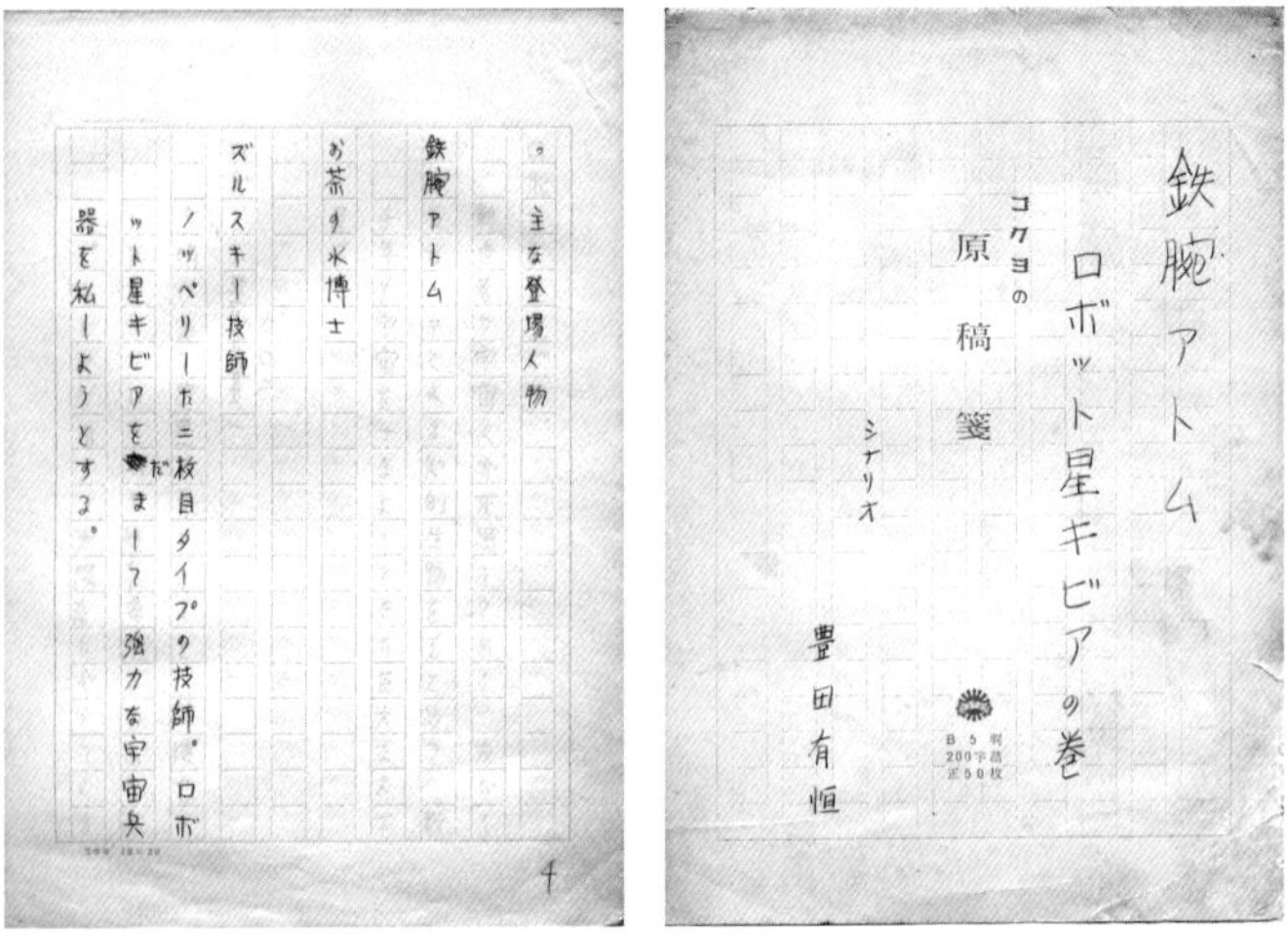

『鉄腕アトム』「ジプシーの星の巻」（第157話）手書き原稿
表紙（右）・登場人物（左）

ここで、ぼくは、新たに石津の上司となったKというプロデューサーと、引き会わされた。このころ、虫プロは、経営が傾きかけていた。そういう時こそ、いわば業界ゴロのような人物に付け入られるものだ。このKも、慇懃無礼な奴で、何度も書き直しを命じる。しかも、一遍で言えば良いものを、繰り返し書き直せという。つまり、自分の権威を示して、従わせようとしているのだ。あの手塚にすら、唯々諾々とは従わなかったぼくだ。この手合いには迎合しない。結局、石津の顔を立てて「ジプシーの星の巻」を書いただけで、袂を別った。このシナリオの原稿は、石津の本棚に眠っていたのが再発見され、ぼくの手もとに戻された。元のタイトルは、「ロボット星キビアの巻」としておいたが、放映されたタイトルは「ジプシーの星の巻」となっている。

やがて、悪徳プロデューサーKは横領が露見することになる。

手塚との間柄は、その後、徐々に改善されていった。SF作家クラブは、入会資格に関して社会人という内規があり、発足当時、七年も大学生活を送ってしまったぼくには、資格がなかった。大学卒業を待たずに虫プロで仕事をはじめたわけだが、手塚は、ぼくの卒業を待っていたかのごとく、ぼくのSF作家クラブ入会を推薦人として提案してくれたものだ。

例の件で、会合で顔を合わせても、まったくの口をきいてもらえなかったのだが、しだいに、ぼくに対してもトレードマークの笑顔を見せてくれるようになった。内心では、ぼくを誤解したことで、なにか負い目のようなものを感じてくれたのかもしれない。

さらに二度ばかり、仕事を世話してくれた。一度目は、京都新聞のショート・ショートだった。手塚のような大御所が、するような仕事ではないが、自分が挿絵を描くから、やってくれと持ちかけられた。手塚にとっては、半端仕事だろうが、当時のぼくには、いい実入りになった。『月世界オリンピック』という作品で、六分の一の重力下だから、大記録、珍記録続出になるという趣向だった。

その次は、70年万博の仕事に誘ってくれた。打ち合わせに六本木の中華料理店で、何時間もかかって、ふたりで企画を練り上げたのも、懐かしい思い出である。フジパンという関西のメーカーが、ロボット館というパビリオンを出展するという。そのアイデアコンセプトを頼むという話だった。ぼくが、TBSに企画を売ったという誤解は、完全に解けたようだった。

余談だが、誰も指摘しないから、ここで書いておこうと思うのだが、アメリカのテレビSFシリーズ『The Hundred』である。これこそ、まさに手塚治虫の『ナンバー7』とそっくりである。核戦争後、生き残りの人類が、衛星軌道上の宇宙基地で、かろうじて生活している。そのなかから、百人を選んで、荒廃した地球上へ派遣して、地上へ復帰する道を探ろうとする。法的に盗作と言えるかどうかはともかく、『ナンバー7』に酷似しすぎている。

手塚治虫の受賞

それはともかく、手塚治虫という人は、根は優しい人なのだ。例の誤解の埋め合わせのつもりで、あれこれ気を遣ってくれたのだろう。手塚が、政治的、権力的な人間でないことについて、多くの人が、証言を残している。だいぶ後のことになるが、ぼくとは同期入賞で友人の小松左京から聞いたエピソードが、手塚治虫という人の人間性を物語っていて、たいへん面白い。

小松は、小学館の漫画賞の選考委員を務めた。若いころ、漫画家を志し、数冊の単行本を出している。のちにSF作家に転じたのだが、もともと漫画家だったから、選考委員にはふさわしい。第29回のことだった。

この年、他の数編とともに、手塚治虫の『陽だまりの樹』が、選ばれた。この作品は、手塚にしては言わば異色作で、手塚の曽祖父にあたる蘭方医《らんぽうい》の手塚良庵《りょうあん》も実名で登場する幕末群像を描いた物語である。小学館漫画賞は、読者や編集者の投票をもとに、選考委員が選出する。手塚の受賞が決まったとき、担当する小学館の編集者が、青くなったという。

賞というものは、それぞれ格というものがある。すでに手塚治虫賞という自らの名を冠した漫画賞がある。その手塚が、小学館漫画賞というのは、今さらの感がある。特に問題視されたのは、前年の受賞者だった。何れも新人だが、数編のなかに『ゲームセンターあらし』が入っている。『コロコロコミック』に連載中、ぼくも読んでいる傑作で、のちにテレビ化もされている。

作者のすがやみつるは、ぼくの友人でもあり、結婚式にも出席した仲だ。ひとまわり下の同じ寅年だが、たいへん才能のある人で、漫画家、SF作家として活躍している。早稲田大学の大学院の修士課程を卒業し、今は精華大学教授として後進の指導にも当たっている。

『陽だまりの樹』パンフレット

ただ、このとき問題になったのは、すがやが、石ノ森章太郎の弟子だったという事実である。有名なときわ荘のころ、石ノ森が手塚治虫の弟子だったことは、よく知られている。つまり、すがやは、手塚治虫から見れば、孫弟子ということになる。前年、石ノ森の弟子のすがやが受賞した賞を、一年遅れで手塚に贈ることはできないと、小学館の担当者は、考えたのである。

この無礼者と言われ、拒否されてしまえば、今後の賞の権威と運営にも支障をきたす。小学館の担当者たちが、真っ青になっていたとき、小松左京は、こう言ったという。

「あんた、電話してごらんよ。手塚さん、喜ぶから」

そう言われても、担当者は、まだ半信半疑である。だが、漫画家時代から、手塚と親交のある小松左京が、太鼓判を押すのだからと、恐る恐る電話を掛けた。すると、電話口から、手塚の弾んだ声が戻ってきた。

「えっ、ぼくがですか。嬉しいな」

手塚は、権威主義的な人でないから、その年の収穫として、あまたの若い漫画家をさしおいて、自分の作品が評価されたことが、ひたすら嬉しいのである。

賞の権威ということでは、ぼくは、小松左京の面前で、失言をやらかしたことがある。ＳＦ作家仲間で集まっているとき、こう言ってしまった。

「小松さん、そろそろ直木賞ですね」

すると、たまたま同席していた、一回りも年長の文藝春秋社の高松繁子から、たしなめられた。

「あなた、馬鹿なことを言っちゃだめよ。今さら、直木賞なんて、小松さんに失礼よ」

直木賞には、職業作家として、という一項が選考条件となっているという。すでに職業作家の小松に与えたら、失礼になるというのだ。世間的には、賞の格や権威というものが、重要視されるわけだが、手塚は、そういったことには無頓着で、自分の作品が選ばれたということが、ただただ嬉しかったのだ。

第一次アニメブーム

話が横道にそれた。TBS漫画ルームに話を戻そう。『ジェッター』、『ソラン』ともに、ある程度の人気を得ていたが、日本アニメ史上で最初の三作、『アトム』、『鉄人』、『エイトマン』が、視聴率を競っていたときほどの熱気は、もはや感じられなくなっていた。

アニメが高視聴率を稼ぎだすというトレンドを、ハイエナのようなマスコミ界が、黙って見過ごすはずがない。第一次アニメブームが起こった。パイオニアであると東映動画は、いち早く『狼少年ケン』という新しいジャンルからNET（現テレビ朝日）で参入している。また、各局それぞれに、スポーツ根性テーマ、忍者ものなど、SF以外にも多くのアニメが、放送されるようになっていた。

『ソラン』は、多くのライバルのなかで、やや苦戦しているようだった。漫画家として、TBSが登用した宮越義勝は、資質としては『ジェッター』の久松文雄より劣ったようである。ソランのキャラクターにしても、最初に宮越が提示したものでは、そのまま使える状態ではなく、河島やTCJ側で、大幅に手直ししたと聞いている。また、若くして名声と大金を手にした宮越は、向上心を失いがちだったそうで、スキャンダルめいた噂すら聞くようになった。

やがて、ジェッターが、一年の契約を終え、しばらくして『ソラン』も、放映予定を終わることになった。TBSは、次の企画を求めてきたが、辻真先、石津嵐、そして僕の三人を指定してきた。ジェッターのときは、加納、山村という推理作家協会の実力者が、テレビラジオ委員会という受け皿を設け、原作者として二次著作権を認めさせ、しかるべく配分してくれたのだが、逆に、TBS側としては、そのことが仇《あだ》になったのかもしれない。次の企画では、加納、山村は、はずされていた。すでに、『ソラン』でも、『ジェッター』と異なり、シナリオ当たりの買い切り契約になっていたが、さらに次の作品では、うるさいことを言いそうなメンバーは除いたということなのかもしれない。

アニメのキャラクターを商品化することで、莫大な利益が生じる事態を、ハゲタカのような企業、人々が、放っておくはずがない。新企画には、『ジェッター』の久松文雄が噛むことになった。絵のほうの著作権は支払われたらしい。ただ、シナリオ代は、二倍以上に値上げされたものの、二次著作権は認められない契約になった。

新企画は、辻とぼくが、主として設定を考える。いわばオリジナル脚本の草分けだからである。それに石津が加わった。当時、虫プロは倒産状態になり、石津もやむなくフリーになっていた。アトムにおける最後のほうのオリジナル脚本では、石津が奮闘したものの、会社そのもののピンチを救うまでにはいかなかった。つまり、TBS側は、三人とも、数少ないオリジナル脚本家で、かためようというわけだ。

ここで、TBS側から、条件を出された。こんどは、SFものでない設定を頼むというのである。プロデューサーは、三輪の手を離れていた。先に付き合ったサブプロデューサーが、昇格したような形だった。あらためてSFへの拒否反応が噴出したかたちだった。

そこで、こちらとしても、SFがだめなら、SFの始祖ジュール・ヴェルヌのノンSFを、下敷きにしてやろうと思い立った。『孤島の十五少年』である。日本語のタイトルは、他に『十五少年漂流記』ともあるが、原題は『Dec Ans de Vacances（二年間の休暇）』である。欧米には、ダニエル・デフォーの『ロビンソン漂流記』以来、この種のジャンルが定着している。星新一のコレクションでも有名だが、「孤島漫画」という一コマ漫画のジャンルすらある。こうした伝統は、SFにも受け継がれている。maroon《マルーン》（島流し）テーマというジャンルがある。たとえば、異星人に捕らわれた地球人が、不毛の惑星に遺棄されて、懸命に生き延びるというトム・ゴドウィン（Tom Godwin）の『Space Prison（宇宙の牢獄）』など、このテーマに属し、他にも多くの作品が書かれている。

『冒険ガボテン島』の設定

エクストラポレーション（Extrapolation）という言葉がある。本来は統計学の術語だそうで、外挿法《がいそうほう》と訳されているが、アメリカでは文芸批評などにも使われるという。データのないケースで、同様のシチュエーションにおける既存のデータを代入して、数値を類推して想定することだという。こう書くと、何やら難しいようだが、小説の描写のリアリティのでき具合などを、計る物差しのようなものである。エクストラポレーションが、巧く出来ているなどという使い方をされる。置き去りにされる場所が、宇宙の惑星か島かの違いだけで、限界状況に変わりはない。つまり、島流しという状況を、宇宙に置き換えてみるわけで、これがエクストラポレーションである。

こうして『冒険ガボテン島』の設定ができあがった。遊園地の潜水艦に、いたずらで乗りこんだ少年少女五人が、手違いで海に流されてしまい、海流に乗せられて、南海の孤島に漂着するという設定で、ヴェルヌの作品『十五少年漂流記』を下敷きにしたものだ。

『冒険ガボテン島』セル画

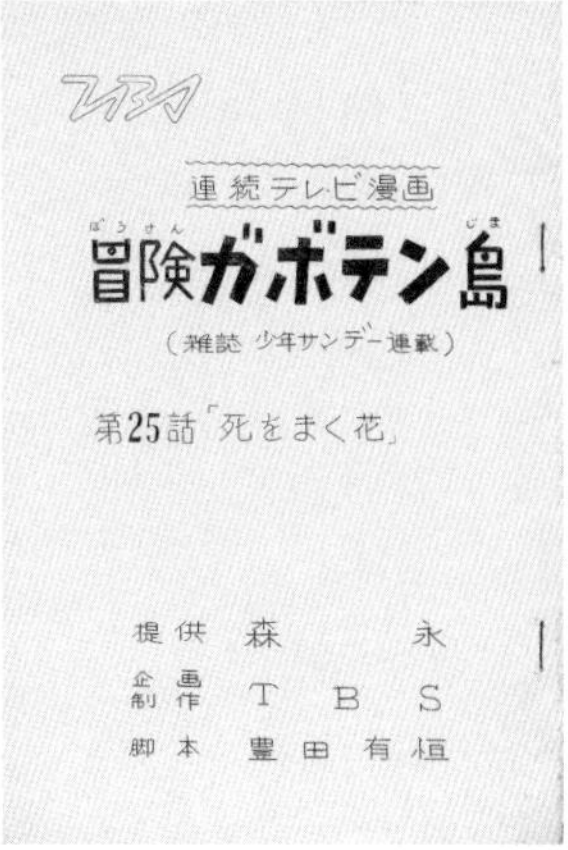

『冒険ガボテン島』
第25話「死をまく花」台本

『冒険ガボテン島』絵はがき

『冒険ガボテン島』は、異色作ということで、マニアックなファンを集めた。つい最近も、漫画家の秋本治が、この作品に言及している。秋本とは、一時期バイクを通じて知り合い、おたがい解説を書きあったりしたことがある。ぼくが『こち亀』の六十九巻に解説を書いたところ、ぼくのバイクエッセーのあとがきを、律義に引き受けてくれた。人気におごらず、素晴らしい人柄である。今回の紫綬褒章も、かれの才能と業績にふさわしいものだろう。面識のある人が、こうした栄誉に輝くという経験は、嬉しいものである。

『冒険ガボテン島』は、折からの

アニメブームから、多くの新作が放映される中で、特段の視聴率を稼ぎだすこともなかった。

結局、ＴＢＳ制作のアニメは、これが最後となり、漫画ルームの伝統も終わりを告げた。これは想像だが、他の番組においても、局制作の本数が減ってきたことと、軌を一にしているのだろう。

番組制作では、テレビマンズユニオンが、最初となったが、多くの制作プロダクションが、名乗りを上げた。局のお仕着せでない意欲的な番組を提供するため、こうしたプロダクションを旗揚げしたことは、マンネリ化していたテレビ界に一石を投じた。しかし、その功罪も少なくなかった。

やがて、テレビ局の制作部が、制作をしなくなり、下請けのプロダクションへ丸投げするための、窓口になってきたのである。そのため、許認可権が発生する。たしか、ＮＨＫでも、その種のスキャンダルが起こっている。窓口のプロデューサーが、制作プロとのあいだで、リベートを取ったりしたらしい。クリエイターも、いわば下請けの一部でしかなくなったのだろう。ガボテン島でも、原作権は、ぼくにも辻にも還元されることはなかった。

仲間たちのその後

ぼくが関わった人々のその後も、語っておこう。

河島治之は、漫画ルームが廃止されてからも、やはり現場にいたかったのだろう。TBSを出て、さらに活躍した。かつてライバルの虫プロから、たった一人で絵コンテを描いているスーパーマンとして、畏敬の目で見られていたくらいだから、先駆者としての名声は、アニメ界では揺るぎのないものになっていた。

河島は、『ハゼドン』の原画を担当する。この作品は、倒産した虫プロから有志とともに独立し、サンライズを起こした岸本吉功の第一作となり、多くの虫プロ関係者が、噛んでいる。鈴木良武、柴山達雄、富野喜幸（のちに由悠季と改名）など、錚々たるメンバーの名がならぶ。この時点では、特に目立つ作品でもなかったが、それなりの視聴率を稼ぎだした。『ハゼドン』の成功が、やがて『機動戦士ガンダム』のメガヒットにつながるのである。

さらに、河島は、川崎のぼる原作の『スカイヤーズ5』の演出を担当する。この作品には、SF界から石川喬司が、推理作家では後に直木賞を受賞する生島治郎が加わっている。河島は、円谷プロでも『恐竜探険隊ボーンフリー』を手掛けたりする。のちに、アニメから抜けてからは、法廷画なども、新聞に連載するようになる。

また、TCJでも、村田英憲が動き出す。アニメ専門の会社を立ち上げる。のちにエイケンとなる新会社である。エイケンとは、英憲というパーソナルネームを音読みしたものである。村田は、日本アニメを、企業として定着させた。もともと輸入車販売の企業人だった村田が、たまたまアニメ業界と接点を持つに至った。村田は、アニメを愛して、アニメを企業として成り立たせるため、多くの努力を注ぎこんだが、決してアニメに淫することはなかった。

その点、放漫経営で何度も倒産の憂き目に遭った虫プロとは、異なっていた。先に挙げた『スカイヤーズ5』や『サスケ』などを手掛けるが、『サザエさん』のヒットで、完全に経営を軌道に乗せた。

また、エイケンから別れた元TCJの高橋茂人が、瑞鷹《ずいよう》エンタープライズを立ち上げた。打ち合わせで、何度か会ったこともある。やがて高橋は、『ムーミン』から始め、『アルプスの少女ハイジ』や『フランダースの犬』など、名作アニメ・シリーズを定着させる。

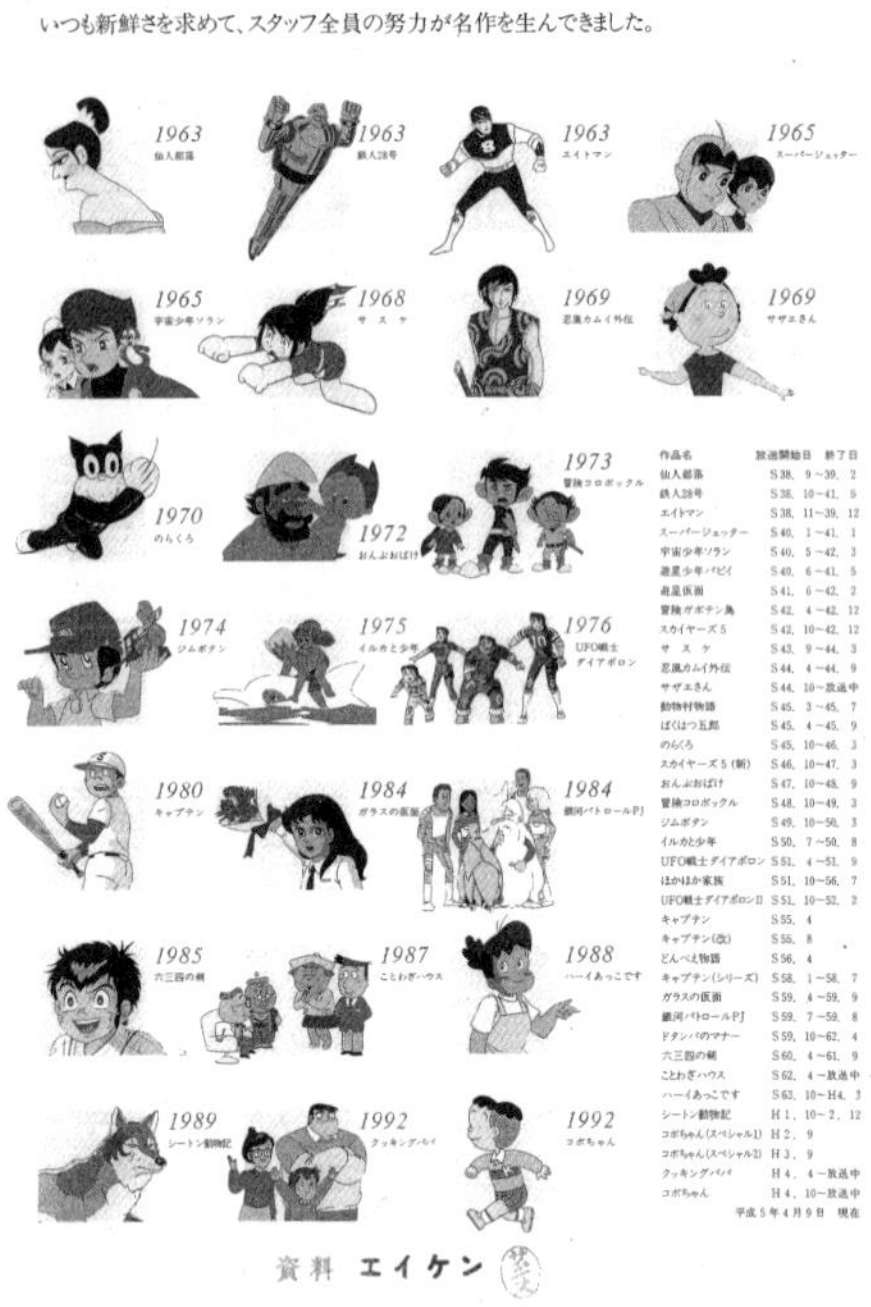

作品名	放送開始日　終了日
仙人部落	S38. 9〜39. 2
鉄人28号	S38. 10〜41. 5
エイトマン	S38. 11〜39. 12
スーパージェッター	S40. 1〜41. 1
宇宙少年ソラン	S40. 5〜42. 3
遊星少年パピイ	S40. 6〜41. 5
遊星仮面	S41. 6〜42. 2
冒険ガボテン島	S42. 4〜42. 12
スカイヤーズ5	S42. 10〜42. 12
サスケ	S43. 9〜44. 3
忍風カムイ外伝	S44. 4〜44. 9
サザエさん	S44. 10〜放送中
動物村物語	S45. 3〜45. 7
ばくはつ五郎	S45. 4〜45. 9
のらくろ	S45. 10〜46. 3
スカイヤーズ5(新)	S46. 10〜47. 3
おんぶおばけ	S47. 10〜48. 9
冒険コロボックル	S48. 10〜49. 3
ジムボタン	S49. 10〜50. 3
イルカと少年	S50. 7〜50. 8
UFO戦士ダイアポロン	S51. 4〜51. 9
ほかほか家族	S51. 10〜56. 7
UFO戦士ダイアポロンII	S51. 10〜52. 2
キャプテン	S55. 4
キャプテン(改)	S55. 8
どんべえ物語	S56. 4
キャプテン(シリーズ)	S58. 1〜58. 7
ガラスの仮面	S59. 4〜59. 9
銀河パトロールPJ	S59. 7〜59. 8
ドタンバのマナー	S59. 10〜62. 4
六三四の剣	S60. 4〜61. 9
ことわざハウス	S62. 4〜放送中
ハーイあっこです	S63. 10〜H4. 3
シートン動物記	H1. 10〜2. 12
コボちゃん(スペシャル1)	H2. 9
コボちゃん(スペシャル2)	H3. 9
クッキングパパ	H4. 4〜放送中
コボちゃん	H4. 10〜放送中

平成5年4月9日　現在

資料　エイケン

エイケン　制作物一覧

ここでも妙な縁があった。『アルプスの少女ハイジ』の主題歌を作曲したのは、武蔵高校の先輩の渡辺岳夫だった。ヨーデル風の名曲である。のちに同窓生交歓という趣向で、ぼくと雑誌『平凡パンチ』で対談した際、渡辺は、アニメ主題歌における苦労を語ったものである。代理店サイドから、子供が歌えない主題歌ではだめだと、クレイムがついたという。確かにヨーデル風の部分は、歌いにくいが、本場スイスでも高く評価されたという。

主題歌の魅力

アニメにとって、音が大切なことは、前にも述べたとおりだが、主題歌の魅力も、大きな要素になっている。アトムの高井達雄と、のちに話したときのことだ。半音の部分が、最初、問題視されたそうである。あの有名な主題歌を、Ｃ《シー》（ハ長調）で弾くと、ピアノなら$Ｆ^{\sharp}$の黒鍵が必要になる。半音があると、普通のハーモニカで演奏できないから、子供たちに馴染みにくいというのだ。

主題歌をめぐっては、話を急ぐようだが、次章で述べるように、ぼくがＳＦ設定を担当した『宇宙戦艦ヤマト』における宮川泰も、無知な誤解を受けている。左系の人らしい評論家から、軍歌のような主題歌の好戦的なアニメと、烙印を押された。この評論家は、イデオロギー上の立場から、ヤマトを叩こうとしたつもりらしいが、自ら音楽に無知なことを露呈する結果に終わった。主題歌『新たなる旅立ち』は、音楽的にも高度な作品である。通常の軍歌、例えば『同期の桜』を、ヤマトと同じCm《シーマイナー》（ハ短調）で弾こうとすれば、Cm、Fm、G7など三つのコードで済んでしまうが、ヤマトのコードは、もっと複雑である。Cmの三つのコードだけでなく、A♭《エーフラット》、B♭《ビーフラット》など、七、八個のコードが必要になる。途中メジャーに転調するなど、音楽的にも優れた楽曲である。

村田英憲は、その後、ぼくの結婚式、出版記念会などに、忙しい合間を縫って、来てくれたのだが、ぼくがＳＦ小説に専念するようになってから、縁が切れたままになった。

アニメ界から遠ざかる

こうして、ぼくのＴＢＳ通いも、漫画ルームの廃止とともに、終わりになった。日本初のオリジナル・アニメ脚本家として過ごした日々は、刺激に満ち溢れ、楽しいことの連続だったが、一つだけ不愉快なことが続いた。それは、ＴＢＳの駐車場である。ＴＢＳ会館の脇の坂を登った上にあるのだが、この駐車場の係が、高圧的で威張っているのである。確かに手狭な駐車場で、いつも混雑しているのだが、良い気分で車を駐められた記憶がない。係員が、まるで尋問のような口調で、何をしに来たのか、問いただすのである。赤坂へ遊びに来た、無関係の人間だと疑われたこともある。

ＴＢＳでの経験が、ここだけの特殊なケースかと思ったが、やがて、そうでもないことが判ってきた。のちにNHKのラジオ番組に出演したときのことだ。電話で受けたので、番組の名称を正確に記憶していなかった。受付で、担当者の名を出せば、すぐ迎えに行くというので、出かけたところ、駐車できない。ラジオに出演すると答えると、初めから信じてくれない。番組名を訊かれたが、答えられないと、疑いの目をむけてきた。ラジオだというので、ジーンズのカジュアルなファッションで、近間だということからセカンドカーの軽自動車ホンダZに乗っていったのも、災いしたようだ。そもそも、ぼくは、若いころから、貫禄がなくて、しばしば軽くみられることが多かった。

「みんな、そう言って、ここに車を駐めて、代々木公園へ遊びに行くんだ」

「嘘じゃないんです。担当者の××さんに訊いてくれれば判ります」

「そんな奴、知らないな。嘘をついてもわかるんだ。帰れ」

「じゃ、帰る。帰ってもいいんだな」

「帰れ、帰れ！」

そんなやりとりのあと、こちらも腹立ちまぎれで、そのまま帰宅してしまった。すると、ほどなく、NHKから電話がかかってきた。スタジオを用意したのに、出演者が来ないというわけだ。そこで、事情を説明したところ、平謝りで来てくれという。仕方がないから、もう一度NHKへ出かけることになった。うちは下北沢だから、NHKまで十分もかからない。

ただ、ＴＢＳやＮＨＫでの体験も無駄にはならない。小説家というものは、転んでも只《ただ》では起きない。どんな体験でも仕事に生かす方法を持っている。おかげで『ガレージマン』という疑似イベントＳＦが書けた。都心の駐車難から、駐車場の管理人の社会的な地位が向上する。需要と供給の関係から、途方もない権限が生じるからだ。管理人は、先生と呼ばれ、文化人としてテレビに出演したりする。高いステータスだから、客のほうが平身低頭しないと、車を駐められないという未来風刺ＳＦが書けて、おかげで印税を稼いでくれた。

こんなこともあったが、ぼくは、漫画ルームの廃止とともに、しだいにアニメ界から遠ざかっていった。ぼくにシナリオを頼んでくる制作プロもあった。手を貸したものの、与えられた基本設定《フォーマット》が、気に入らなかった。ぼくに作らせてもらえば、もっとましな設定になるところだが、杜撰な設定なので、ストーリーが組み立てにくい。一本だけ雇われで書いたものの、次は断ってしまった。

9

『宇宙戦艦ヤマト』下敷きは西遊記

翻訳の仕事

このころになると、SF小説の仕事も、増えてきた。ただ、それだけでは食べられないので、どうしようか迷っていると、SFマガジンの編集部の森優から、翻訳をやってみろというオファーが来た。森優は、のちに南山宏の名で、超常現象の権威になるのだが、当時は編集者であり、SFマガジンのカットとして、一コマ漫画を描いていたくらい、漫画、アニメには理解のある人だった。UFOや超能力などを研究していると、なにやらいかがわしい人物のように誤解されかねない時代だった。

南山は、その後、世界中を飛び回って、コスタリカの真円球、オルメカの黒人人頭像、ボリビアの黄金ジェット機模型など、不思議なものを取材して歩くことになるのだが、当の本人は、UFOを見たことがないそうである。なんでもセンセーショナルにUFOだと言い出す人が多い中で、外語大卒の語学力を生かして、各国の目撃証言など、地道に取材している南山だからこそ、信用がおけるのだろう。

南山から翻訳をやってみろとアドバイスされ、ぼくは、一つだけ条件を付けた。プロの翻訳家ではないから、与えられた作品を翻訳することはできない。自分がほれ込んだ作品でないと、取り組めないと申し出たところ、南山は了承してくれた。そこで、タイムトラベル・テーマに関して、いわば、ぼくの師匠のようなポール・アンダースンの作品ということになった。こうして、『魔界の紋章（原題 Three Hearts and Three Lions）』が刊行された。ちなみに原題の三つの心臓と三頭のライオン、というのは、主人公の騎士が持つ盾の紋章である。そのままでは、何のことかわからないので、邦題をどうするか悩んでいるとき、平井和正に相談すると、このタイトルを付けてくれたのだ。

ともあれ、アニメからSF小説への切り替えの時期、いわばつなぎのように翻訳に取り組んでいたのだが、おいおい小説の仕事も増えてきた。やがて、連載、一挙掲載、単発のショートショートなど、様々な仕事が舞い込むようになり、大出版社の文庫にも加えられ、多忙な日々を送るようになった。

本格的なSFアニメを

そんなある日、虫プロ時代の仲間の山本暎一から電話がかかってきた。なんでも、本格的なSFアニメをやりたいプロデューサーがいるから、一度会ってくれという話だった。ぼくは、親しい山本の頼みだから、すぐさま承知したものの、半信半疑だった。尊敬する手塚のように、SF

を判ってくれる人が、おいそれと見つかるはずがないと、思っていたからだ。

山本は、先にあげた横山隆一のおとぎプロで、アニメの修業をはじめた人で、日本アニメの草分けの一人である。また、虫プロでは、手塚の『哀しみのベラドンナ』の演出を担当した。映画そのものはヒットしなかったが、手塚の業績の一つとして評価が高い作品で、山本の演出もあずかって大きかった。山本は、アトムでは、ぼくのオリジナルシナリオを演出してくれたこともある。

そのとき、山本は説明が難しすぎるとクレイムを付けてきたので、怒鳴り合いになったことがある。そこで、次に山本と組んだとき、ぼくは、シナリオの漢字に、すべて振り仮名を振った。山本は、シナリオを読んで、前のいきさつを覚えていたので、大爆笑したそうである。そういう旧知の間柄だった。特に、本格的なＳＦアニメという言葉は、そんな企画を本気で進めようとするプロデューサーが、はたしているものかどうか半信半疑だったものの、誘惑以上の魅力を感じさせるものだった。

ぼくも、もともとアニメ界の人間である。シナリオの仕事から遠ざかっていても、興味感心を失っていたわけではないが、その後のアニメの隆盛ぶりに、ある意味で危機感を感じていたことも確かだった。アニメが大人気となったため氾濫気味になり、グレシャムの法則みたいな現象も起っていた。宇宙空間でプロペラが回っているアニメさえもあった。

いちいち科学科学などと言いたくないが、こちらも理系崩れだから、そこまで酷いアニメは、我が家の子供にも見せたくなかった。

ぼくが手掛けたロボットアニメの系列は、それなりに進化していた。それには、永井豪の力が大きかった。巨大なロボットに乗りこんで自由自在に操縦するという、子供たちの夢をかなえる設定の新しいロボットアニメを生みだした。『マジンガーZ』、『ゲッターロボ』、『グレンダイザー』と続く一連の永井作品は、良質のエンターテイメントとして人気を博した。永井の努力は、のちのクリエイターの創作意欲を刺激する。やがて『機動戦士ガンダム』によって、人気と実力を確立する富野由悠季《よしゆき》は、これら永井作品を念頭に、『勇者ライディーン』を手掛けることになる。

SFアニメの世界が広がることは、もとより望むところだったが、なかには酷い作品も現れることになる。なぜか判らないが、巨大なロボットが出てきて、プロレスまがいに戦っているだけというような作品も出てくる。

西崎義展との出会い

アニメ界に復帰するようにという山本の要請は、ぼくのアニメ心をくすぐった。そこで、そのプロデューサーに会う運びとなったが、ぼくのほうは山本の顔を立てるだけというつもりで、まったく期待していなかった。約束の時間より遅れて現れた長身の人物は、いかにも業界人といった風采のダンディーだった。話術が巧みで、人を逸《そ》らさない魅力もあった。この時点では、なにも山本から説明を受けていなかったから、どういう経歴の人か知らなかった。雑談ふうに自己紹介しあっているうちに、共通点が判ってきた。また、この男、そういう共通点を手掛かりに、他人の心をつかむコツを心得ている。

これが西崎義展との出会いの初めだった。あとで知ったことだが、西崎は高級官僚を父に持ち、いい家の生まれで、叔母には有名な日本舞踊家の西崎緑がいる。テレビが実現していなかった時代、ラジオのバラエティ番組の人気者で、ぼくの世代なら知らない者はいないほど有名な人だ。

西崎は、虫プロのプロデューサーだったというが、ぼくとは面識がなかった。『アトム』は、二百回ちかく続いたが、専属だった一年ほどのあいだは、月に二回もぼくのシナリオが登場することもあったが、あとの方は、例の誤解から手塚とのあいだが疎遠になり、一時的に関係が途切れていたからだ。

手塚には経営者としての才能がない。偉大なクリエイターではあったが、輔佐する人材がいなかった。常務として手塚を補佐した今井義章は、手塚のマネージャーを長く務めた人で、マネージャーとしては優秀だったが、経営の才には恵まれていなかったようである。

最後のころの虫プロには、怪しげな人間が出入りするようになり、さる人が伏魔殿《ふくまでん》と呼んだような状態に陥っていたのである。西崎は、もともと音楽プロデューサーだったという。いわば断末魔のような状態の虫プロに潜りこんだようなものだったのだろう。

話しているうちに、西崎が、ぼくの高校の先輩だと判ってきた。私立の武蔵高校の出だという。虫プロがあった富士見台、石神井公園、豊島園など、武蔵高校の地元の江古田と共に、西武池袋線の沿線にある。西崎は、こういった共通点を捕えて、話をはずませる名人である。西崎は、ぼくより四歳上だから、実際に同時期に高校生活を送っていたわけではない。

「豊田くん、きみみたいな秀才でも、横《よこ》ドンには、怒鳴られたんだな」

横ドンこと横井徳治先生とは、武蔵高校の英語の名物教師で、授業では生徒を一人ずつ当てていき、答えられないと「バカすけ」と罵倒するので有名だった。酷いときは、こう言われた。

「豊田、おまえもバカすけか。お前の兄貴は、優秀だったぞ」

「バカすけじゃありません」

こっちも、言い返した。今なら、イジメと誤解されかねない。しかし、横井先生の罵倒は、愛情が籠っているから、この次からは怒鳴られないように、がんばろうという気にさせてくれる。素晴らしい先生だった。

ハインラインのようなSFを

西崎は、初対面だったにもかかわらず、武蔵高校の先生まで引きあいにだして、まるで十年もつきあっている先輩・後輩のような間柄にしてしまう。

雑談のあと、ようやく本題が切り出される。本格的アニメをやりたいプロデューサーという話は、前もって山本から聞いてはいたものの、ぼくは、まったく本気にしていなかった。

「実は、豊田くん、ハインラインの『地球脱出』を読んだ。ああいうSFをやりたい」

西崎は、思いがけないことを口にした。ぼくは、その時、正直いって、驚くのを通り越して、むしろ感動した。

ロバート・A・ハインラインは、アメリカの五〇年代SFの黄金時代を担った代表的な作家で、『夏への扉』など、多くの作品が邦訳されている。ハインラインは、来日した折、友人の永井豪の結婚式に出席している。その席で、ぼくも、言葉を交わし、感激した記憶がある。後に『宇宙の戦士』が、『機動戦士ガンダム』の下敷きになったのは、有名な話である。『地球脱出』とは、原題『メトセラの子ら』(Methuselah's Children) といい、ぼくの好きな作品のひとつである。メトセラは、旧約聖書に出てくる人物で、九百六十九歳で死んだとされる。ハインラインのSF

では、このメトセラの一族が、長大な寿命を持つ長命族として登場する。やがて、かれらは、普通人の差別と迫害から逃れるため、地球を脱出して新天地をめざすというストーリーである。

実は、ぼくが影響を受けた作品でもある。日本にも、推古天皇の時代から、八百年生きたとされる八百比丘尼《やおびくに》という伝説がある。この八百比丘尼《やおびくに》は、小浜市の勢浜《せはま》の高梯《たかはし》の長者の娘とされ、人魚の肉を喰らったため八百歳の長寿を得たとされる。そもそも小浜市のあたり、福井県の嶺南《れいなん》地方は、昔から若狭《わかさ》の国と呼ばれるが、この若狭とは、若さの意味だと『若狭風土記』に説明されている。今も若狭彦《わかさひこ》神社があるが、若狭彦は、少年のような姿のまま、年を取らなかったとされている。ぼくも、日本の長命族ということで、若狭近辺を取材して、いくつかのSFを書いている。

アイデアやストーリーは異なるものの、ぼくの心のどこかに、ハインラインの『地球脱出』(Methuselah's Children)が、存在していたことは否定できない。

『地球脱出』を読んだという西崎の言葉は、SF作家にとっては、まさに殺し文句だった。手塚と離れて以来、ようやくSFを判ってくれるプロデューサーに巡り会えたという気持ちにさせられたのも事実である。西崎は、新しい本格的なSFアニメをやりたいから、どうか設定を考えてくれと、熱心に頼みこんできた。しかも、設定案のジャンルは、任せるという言質ももらった。

アニメ心に火がつく

ぼくの心の中で、半ば忘れかけていたアニメ心に火がついた。とうとう、その場で引き受けてしまった。その時、西崎は、口約束ながら、ぼくの原案というクレジットを入れると、はっきり言った。このとき、確約を取らなかったことが、のちに禍根を残すことになるのだが、ぼくは、久しぶりにアニメの仕事を依頼されたことが嬉しくて、たいして気にも留めなかった。

実際には、当時のぼくは、雑誌の一挙掲載の長篇ＳＦ、書き下ろしのＳＦ長編、さらに連載から単発の短編など、多くの仕事を抱えていたから、スケジュール的には、まったく無理な状態だった。

西崎と別れて帰宅するなり、他の締め切りを放り出して、頼まれた設定のことを考えはじめた。なんでも、漫画は松本零士に依頼して、承諾を貰っているという。ただ、松本の原作の漫画があって、それをアニメ化するわけではないから、オリジナルの設定を作らなければならない。

松本は、『男おいどん』を少年マガジン連載中に読んでいたから、サルマタケというキノコのギャグを面白がったものだが、ぼくは、松本の別な一面にも、おおいに興味を抱いていた。それは、一連の戦記漫画である。

西崎と会った初印象は、ＳＦを判ってくれるプロデューサーにめぐり会えた思いだったが、しかし、その思いが裏切られた顛末《てんまつ》に関しては、あちこちで書いたので、ここでは触れないでおく。ともあれ、漫画家は松本零士に決まっているから、ＳＦ設定を作ってくれと頼まれたわけだ。

こちらも、もともとアニメ界にいた人間である。いわば元祖オタクだろう。好きなアニメの仕事だから、二つ返事で引き受けた。

松本零士直筆の色紙

原子の火

どういう設定にするか、あれこれ知恵を絞った。そんな時、ふとＳＦ作家クラブで、東海村の原子力研究所を訪れたときのことを、思いだした。当時、まだ商業用原子炉は一基もなく、ＪＲＲ−３という実験炉を全員で見学したことがある。当時は、管理もいい加減なもので、なんと原子炉建屋のなかに、簡単なビニールの上っ張りを着せられただけで、入れてもらえたのである。

SFでは、未来のエネルギーとして、核融合が重視されすぎているようなところがある。アイザック・アシモフの『鋼鉄都市』でも、核融合の人工太陽が照らしだすドーム都市が描かれている。また、のちにアーサー・C・クラークと対談したときも、融合（fusion）は良いが、分裂（fission）は駄目だと力説していた。だが、原子力のことを勉強すればするほど、核融合には膨大な中性子の制御法をはじめ、多くのブレークスルーが必要だと判ってきた。核融合は、多くのSF作家によって、贔屓《ひいき》の引き倒しのような期待を寄せられてきたのである。その前に、仮につなぎにもしろ、核分裂に頼らざるを得ないのだ。

当時から原子力について、多くのSF作家が、関心を抱いていた。特に、ぼくは、未来エネルギーとしての原子力に、すっかりのめり込んだ。今、マスコミは、反原発に固まっているようだが、初めは、原子力とマスコミの蜜月時代もあった。70年の大阪万博では、小松左京御大をはじめ、多くの第一世代のSF作家が、いろいろなパビリオンに噛んでいた。ぼくも、手塚治虫に誘われ、フジパンのロボット館というパビリオンのアイデア・コンセプトに関わり、万博会場へ通った話は、前に書いたとおりである。関西電力の美浜発電所から会場へ電気が送られていたが、場内アナウンスは、科学の成果を誇らしげに、謳いあげていた。

「この会場の電力は、関電美浜発電所の原子の火によって、まかなわれています」

今から思えば、科学の夢が次々に現実になるという、いわば輝かしい過去の話である。しかし、原子力とマスコミの蜜月時代は、長くは続かなかった。小松御大も噛んでいたが、当時、未来学というものが流行っていた。しかし、急速に風向きが変わっていった。大阪万博の一九七〇年は、日本の原子力の曙であると同時に、日本の高度成長が一段落し、一つの時代の転機でもあった。折からの公害問題の浮上、高度成長の歪みが、社会問題となり、物議をかもしはじめていた。

当時、バラ色の夢を売りまくった未来学者とSF作家は、まったくけしからん式の論調すら現れたほどだった。「科学には、善も悪もない」これは、アニメ『エイトマン』の大仇《おおがたき》デーモン博士の決め台詞である。べつだん、われわれSF作家は、バラ色の夢を売りまくったわけではない。灰色のアンチユートピアSFも、たくさん書いている。

こうした中、反原発が、ある意味で、公害問題を告発する最先端の手段となってしまった。ぼくは、このころ、参加させてもらった文芸団体で、作家というものは、いわゆる進歩的でないといけないようなムードに出くわし、呆気にとられた記憶がある。今から考えれば信じられない話だが、原発反対、韓国の独裁政権（?）糾弾、北朝鮮支持と言っておきさえすれば、あの人は進歩的で立派な作家だと尊敬されるようなムードがまかり通っていた。

折から終末論ブームが起こっていた。また、最終核戦争まで、あと何日という核の時計なども、マスコミで大々的に取り上げられる世相だった。実際、欧米では、核戦争は不可避と見て、家庭用シェルターを装備する人も珍しくなかった。ぼくは、被爆国であるにもかかわらず、日本人が、核の平和利用という境地に安住してしまい、まったく危機感を欠いていることに、逆に危機感を抱いていた。

これで、核兵器や原子力発電に、一般の人々の興味関心が増えてくれればまだしも、日本では臭いものに蓋式の発想で、原子と言えば、ひたすら忌避していれば良いものと、あっさり片付けられてしまった。事実、日本では、核、原子力について、軍事面を語ることは、当時も今もタブーになっている。日本は、非核三原則なるものを遵守し、軍事利用から目をそむけてさえいれば、安全だという信仰に近い国民的な合意もあった。

初め、原子力発電所という発想は、まったく存在しなかったところが、アメリカの軍事優先国家の最たるゆえんでもある。原子力は、まず艦船の動力として開発され、実際にシッピングポート原発が稼働するのは、有名なアイゼンハウアー大統領の「平和のための原子力《アトムズ・フォア・ピース》」という演説の後である。

70年代の初め、ぼくは、日本中の原発と、建設予定地を回り始めた。日本中の原発と予定地の全て、そのほか人形峠のウラン精製所など関連施設のほとんどを、取材したことになる。

SFアニメの基本設定を頼まれたので、東海村から始まった原発歴訪を、なにかの形で生かそうと考えた。当時、有名なノストラダムスの大予言が、そろそろ話題になりはじめていた。ぼくは、再ブームになる前、はるか昔、黒沼健氏のノンフィクションで読んでいた。

そのころ本気で考えたことがある。ＳＦ作家としては、一九九九年までは、絶対に死なないと決心したのである。「恐怖の大王」が降りてこないことを確認しなければ、死んでも死にきれないと思ったからだ。幸いというか、もちろんというか、恐怖の大王が降りて来ることはなく、この原稿を書いている現在、あの決心した日時より、もう二十年以上も長生きしたわけだから、いつ死んでも悔いはない。

終末論に迎合する

日本のマスコミが、未来論から終末論に切り替わったのも、国民性と考えれば、不思議でもなんでもない。ぼくは、小学校の先生が、鬼畜米英からアメリカ民主主義万歳に切り替わったのを、実際に体験した。日本人の変わり身の早さを、急転直下というキーワードでとらえたのは、韓国の作家金素雲《キムソウン》氏である。また、あまりのことにあきれた星新一は、「もう未来は、過去のものだ」と逆説的な名言を残した。

マスコミが、勝手に楽観的な未来論に肩入れしたのに、未来学者やＳＦ作家が、バラ色の夢を売りまくったから良くないと言われても、こっちにも都合というものがある。ＳＦには、アンチ今年、「ポセイドン・アドベンチュア」というアメリカ映画が大ヒットした。転覆した豪華客船の中から、僅か数人の男女が、奇跡的に脱出、生還する物語である。ヒットの理由は、転覆した船という、時代の終末を象徴する状況から、人間が脱出できる可能性を示したことにあると思われる。

今の日本は、地震ブームである。日本列島は六九年目毎に大地震に見舞われるという学説があり、危険周期に入ったこともあって、小松左京の小説「日本沈没」が飛ぶように売れている。このブームは、単に科学的根拠に発するだけのものではない。私たちの生活の行き詰まりが、世直し願望という形で、反映しているのだ。

生活の行き詰まりについて、くどくど説明する必要はあるまい。日本人は驚異の経済成長をなし遂げ、物質的には豊かになったが、そこには公害があり、物価高があって、まだまだ幸せとはいえないし、殊に精神面となると、産業社会の歯車のひとつとなってしまった個人の孤立感を、救うすべもない。

さて、この行き詰った現状を打破できるかどうかだが、その可能性は歴史が証明している。人間の文明は何度も危機をはらんだが、その度に人間は脱出し、今日に至ってきた。大切なことは、非人間化した産業組織に対し、自分をもモノとして規定してかからないことだろう。私たちは、モノとは次元の違う「人間」なのだ。

この、私たち人間が今一番持たなければならない認識と夢を、大人はもとより、特に子供に語りかけたいと考えて、私たちは、「宇宙戦艦ヤマト」を企画した。

この作品は、二千××年、地球上の全人類が滅亡しようという時に、決然と立った少年少女の活躍を物語る、SF冒険アクションのドラマである。そして、彼らの行動を通して私たちが描きたいのは、人間とは「愛」だという、このひとことなのだ。

『宇宙戦艦ヤマト』設定資料より

ユートピアものも、たくさんあるが、高度成長のバラ色の時代には、そっちのテーマは取り上げてもらえなかった。

悔しいから、頼まれた基本設定では、終末論、公害に迎合したようなアイデアを考えた。公害をグローバルスケールでとらえれば、究極の形としては、人類滅亡の危機という設定にしかならない。今なら、ジェームズ・ラブロックの「ガイア理論」など援用すれば、面白くなるところだが、当時は知らなかった。そこで、地球上が放射能に汚染されるような未来を設定してみることにした。

グローバルスケールの核汚染といえば、戦争しか考えられない。かねてからの持論だが、原子力を軍事と分離しては論じられないという主張を背景に置くことにした。日本人は、非核三原則、平和利用という、いわばスローガンに溺れてしまい、ほんとうの核の危険性に気付いていない。非核三原則と唱えれば、世界から核兵器がなくなるのか。憲法第九条の戦争放棄といくら唱えても、世界から戦争がなくならないことは、誰でも知っている。それと同じことで、非核三原則というのは、お題目か、お経のようなものだから、一種の信仰でしかなく、理性に基づいたものではない。早い話が、「作らず、持たず」は、日本人の意思で決められるが、「持ち込ませず」は、こちらの都合だけでは、どうすることもできない。小松左京は、かなり早い時期から、「持ち込ませず」を問題視していた。

アメリカの核戦略に、MADという構想がある。相互確証破壊（Mutual Assured Destruction）とは、仮に外国からの先制攻撃（Preemtive Atack）を受け、本国が全滅しても、海中を遊弋《ゆうよく》する原潜から核ミサイルを発射して、相手国を壊滅させるという戦略である。このように、報復二次戦力（Retaliatory Second Strike）を温存することで、核戦争を抑止するわけである。

この核の抑止力という考えかたが、日本人には、もっとも苦手である。そこで、いわば信仰上の信念として、核が国内へ持ち込まれていないと信じたい、いや、祈りたいのである。核の持ち込みについてだが、そんなことは知る人ぞ知るという程度には、常識だった。実際、アメリカ艦船が、日本へ寄港するときだけ、核を積み下ろしてから来るなどと言うことは、先に上げたMADという戦略を考えれば、まったくありえない。そのことは、歴代政府も判ってはいたが、持ち込んでいないという建前にしがみついてきた。しかし、ライシャワー大使、ラロック提督（当時）などの証言によって、明らかになっていた。

もし、持ち込んでいるかどうか確認するつもりなら、いちいちアメリカ艦船を臨検して、艦内を捜索しなければならないが、そんなことをすればアメリカと戦争になる。また、津軽海峡などは、日本の領海だが、国際海峡だから、中ロの艦船も航行する。これらが、日本領海に核兵器を持ちこんでいないかどうか、確認するためには、これまた拿捕《だほ》臨検しなければならないから、中国やロシアとの戦争を覚悟しなければならない。しかも、高速の原潜を拿捕するためには、こちらも原潜を装備しなければならないが、そこまでして〈持ち込ませず〉を貫こうとすれば、今度は〈作らず〉に抵触する。まさに矛盾する。

つまり、日本人は、中ロと言う核大国に囲まれ、北朝鮮すら核武装する、地球上でいちばん危険な核をめぐる国際環境に置かれながら、能天気を決めこんでいるのである。

「荒廃した地球」という舞台

ヤマトのＳＦ設定で、地球上が放射能に汚染されているという最悪の舞台を用意したのは、日本人に目を醒ましてもらいたかったからである。人類同士の核戦争という選択肢もあったが、多くのSFで書かれているから、エイリアンの核ミサイル攻撃によって荒廃した地球という舞台に決めた。

この時点では、戦艦ヤマトは、登場しない。原題は「アステロイド6《シックス》」としておいた。小惑星一個を宇宙船として、はるか彼方のイスカンダル星へ、放射能除去装置を取りに行くという設定は、ぼくが考えた。いわゆるアステロイドシップというアイデアである。現代の科学では、ウランやプルトニウムくらいしか、核分裂できないが、すべての物質はエネルギーでできている。非物質化《デマテリアリゼーション》によって、全てエネルギーに変えることができれば、小惑星一個を食いつぶすつもりで航行すると、星間距離を克服できる。

日本の映像で初めてワープを登場させたのも、ヤマトが最初である。一光年などというと、数字の絶対値が少ないので、プロデューサーが、すぐ近くのように誤解する。実際は、九兆五千億キロという文字通り天文学的な距離である。監修も担当したのだが、のちのちまで困った点は、距離五千メートルなどという台詞が、しばしば出て来ることだった。星間距離が判っていないのだ。

これと同じようなことが、現在の放射能事故でも起こっている。一シーベルトというと、僅かな放射能だと誤解されるから、百万マイクロシーベルトというべきだろう。星間距離の問題は、松本零士の主張を容れて、換算することなしに宇宙キロという単位を用いることにした。これなら、どのくらいの距離か決める必要はない。

戦艦ヤマトを使おうと言いだしたのは、松本零士だった。ぼくは、大反対したものだが、営業的には、これで良かったのだろう。

設定では、汚染された地球を救うため、はるか核恒星系へ行くことになっていたが、これは、松本のアイデアで、判りにくいということから、マゼラン雲に変更されることになった。核恒星系でも二万光年以上という膨大な距離だが、さらにインフレのように、はるか遠い目的地になった。

『西遊記』を下敷きに

この設定には、下敷きがある。本歌取《ほんかどり》というが、簡単に判るようではプロでない。世の中は乱れに乱れ、このままでは人々は救われない。天竺へ行って、ありがたいお経を取って来る。つまり西遊記である。後で、設定の意図を話したとき、プロデューサーも松本零士も、よもや西遊記だとは思わなかったと、感想を漏らしてくれた。西遊記を下敷きにした伏線として、相手の星をイスカンダルと命名しておいた。仏教の発祥地のガンダーラ一帯では、かつて侵略してきたアレキサンダー大王の名が、伝説化されてイスカンダルと呼ばれていた。人気グループのゴダイゴが歌う『ガンダーラ』がヒットするのは、その後の話である。

エイリアン、怪獣などの名だが、勝手にカタカナを並べればいいというものではない。実在する名詞というものは、それなりの語感を持っている。有名な例では、バルタン星人がある。当時、人気のあったシルヴィ・バルタンというフランス人の歌手が、レナウンのＣＭにも登場していた。その名を取ったものだ。イスカンダルも、同様である。筒井康隆も、長編ＳＦ『馬の首風

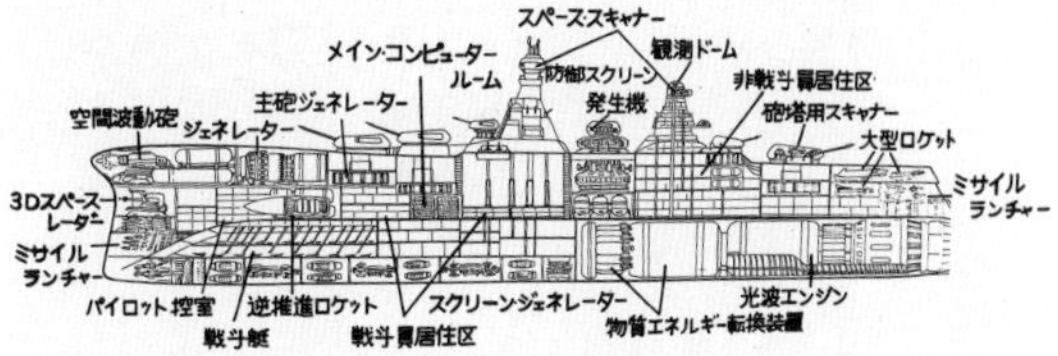

『宇宙戦艦ヤマト』設定資料より「艦内設定」

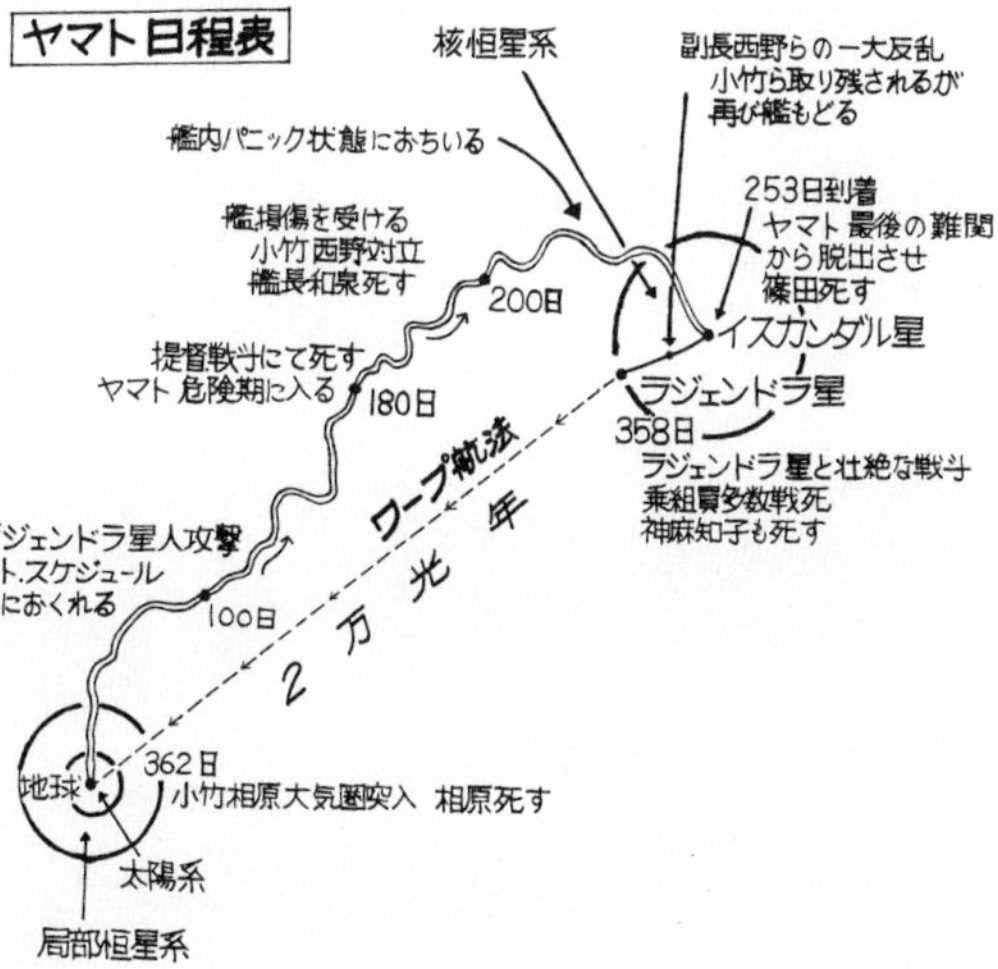

『宇宙戦艦ヤマト』設定資料より「ヤマト日程表」

『宇宙戦艦ヤマト』セル画　沖田艦長

雲録』では、シルクロードに実在する地名ビシュバリクを、異星の地名として使っている。

　ヤマトの続編のときだったと思うが、死んだ沖田艦長を生き返らせてくれと、西崎プロデューサーに頼まれ、「おれは魔法使いじゃない」と断っては見たものの、クローンという設定を提示したところ、案の定、拒否された。そんなクローンなどという薄気味悪いものでは駄目だという。今もって、なぜクローンが薄気味悪いか、さっぱりわからない。宇宙航空士のような危険を伴う仕事の人間は、あらかじめクローンを登録しておくだろう。もし、採用してくれていれば、日本のアニメで、最初にクローンを登場させるという栄誉を担えたところだ。

　ぼくの設定にある放射能除去装置を、コスモクリーナーと命名したのは、たぶん松本零士だろう。企画会議の席上で出たような記憶がある。後に、コスモクリーナーは、オウム真理教が、教団の換気装置に、その名を付けたことで、あの連中がヤマトのファンだったことが判明した。あれほど大ヒットすれば、なかには反社会的なファンも出てくるだろう。

ヤマトにまつわるエピソード的なことは、あちこちで書いたり喋ったりしているので、ここら辺で止めにしておくが、興味のある方は、拙著『宇宙戦艦ヤマトの真実』(祥伝社刊)を参照されたい。

ぼくと松本とで一致した点がある。松本のお父上は、四式戦〈疾風〉のパイロットであり、戦後、航空自衛隊から誘われたが、かつての敵アメリカの飛行機には乗りたくないとして固辞し、清貧をつらぬかれたと聞いている。松本の戦記漫画を読めば判るが、こうした硬骨漢としての方向性は、お父上から受け継いだものだろう。ぼくも、究極の核有事を背景とすることで、ぬるま湯のような日本人の平和ボケに、一石を投じたかった。

ぼくは、『宇宙戦艦ヤマト』のSF設定を引き受けるに当たって、核有事の最たるケースとして、グローバルスケールの核汚染というフォーマットを作り上げた。核といえば平和利用という美名に酔いしれている日本に、警鐘を鳴らすためでもあった。核は、軍事とは切り離せないものなのだ。平和利用を行なうということは、よほどの理解と覚悟がなければ不可能なのである。

こうして、『宇宙戦艦ヤマト』は、スタートした。テレビシリーズとして、キーステーションすら決まらなかった。ぼくも、西崎に頼まれて、番組宣伝のため、関西の某テレビ局へ同行したことがある。SF原案を作った立場で、この企画が、どれほど画期的で素晴らしいかを、説明してくれと言われたからである。西崎は、ぼくの高校の先輩で、人使いの巧い人だから、乗せられたのだが、結果はさんざんだった。「巨大ロボットは出てこないのか」「こんな地球が破滅する話なんて、誰も見ない」と、きめつけられた。

　こうした苦労のうえで、実際に放映に漕ぎつけた西崎の努力は、おおいに評価したい。しかし、ヤマトは、原作があってスタートした作品ではないから、テレビシリーズとして進行させるためには、ぼくのSF設定に加えて、多くのクリエイティビティーを足す必要があった。演出の山本暎一、脚本の藤川桂介、アニメーション・ディレクターの石黒昇、監督の舛田《ますだ》利雄などが、設定を膨らませたり、変えたりして、付け加えたクリエイティビティーも少なくない。また、各話に登場するメカに関しては、すべて松本零士だけでは賄えない。

　ぼくも、松本のファンでもあるから、戦記物のメカデザインのすばらしさは、よく判っているが、各回ごとに登場する一話かぎりのやられメカまでデザインする余裕は、売れっ子の漫画家にはなかった。そこで、ぼくの若い友人の出渕裕を紹介した。今や、アニメ界の巨匠となった出渕だが、ヤマトが彼の本格的なデビュー作である。

　後に、西崎は、原作権を主張するようになる。大阪をキーステーションとして、ようやく放映に漕ぎつけた最初の『宇宙戦艦ヤマト』は、あまり評判を呼ばなかった。西崎は、僅かな熱心なファンから寄せられたファンレターに、いちいち返事を書いたという。その努力の結果か、再放送でブレークすることになった。

『宇宙戦艦ヤマト』の原作者

ぼくも、番宣に協力した某テレビ局の冷ややかで無理解な対応など、数々の障害を乗り越えて放映を実現した、西崎のプロデューサーとしての才覚は、素晴らしいものだったと思う。しかし、それと原作権は別である。もし、西崎が、原作だと言いはるなら、テレビ版、劇場版あわせて十作品の設定を考えたぼくも原作である。山本も藤川も原作である。亡くなった人だから、悪口に類することは書きたくない。事実だけを述べる。

おおよそ松本零士原作というのは、このことである。ぼくのSF設定では、どういうシチュエーションかという点に、重きを置いている。人物設定には、まったく触れていない。松本は、人物設定、そのキャラクターデザインなどを、行なっている。また、戦艦ヤマトを使用するというのは、松本のアイデアであ

『宇宙戦艦ヤマト』セル画　古代進と真田志郎

る。松本は、かつて『電光オズマ』で、宇宙戦艦ヤマトを登場させている。もっとも、このときは、戦艦型ではなく、ロケット型だったが、その当時から、ヤマトを宇宙で活躍させたいという悲願を持っていたのだろう。

また、ぼくの設定のなかで、前に上げたアステロイドシップ→ヤマトという変更など、作画のうえで難しいなどの理由から、松本が変えた部分も少なくない。従って、誰が原作かということになると、四捨五入か、あるいは六捨七入か、おおよそ松本零士ということに落ち着くだろう。

のちに、裁判になるが、なんと松本側が敗訴して、映像著作権が西崎に帰属することになった。これは、おかしいと思う。ぼくは、原作権を、ぼくに寄こせと主張しているわけではない。まったく利害関係がなくなったから、敢えて言わせてもらう。クリエーターでないプロデューサーに、著作権が行ってしまうというのは、創る側の人間には理解しがたいのだ。

番組の宣伝も兼ねて、『ヤマト』を小説にできないかと、持ちかけられたのは、かなり早い時期だった。そのころ、ぼくは、自分で言うのも変だが、売れっ子ＳＦ作家として、締切に追われていたから、『ヤマト』の設定、監修に協力しながら、新たに書き下ろしを行なう時間がなかった。

最初の小説版

また、これも裏話のひとつだが、西崎からは、原案あるいは原作とするという言質を得ていたところ、一つの問題が発生した。そのころ、ぼくが親友のＳＦ作家、小松左京、田中光二と三人で原作グループを作り進行していた『ＳＦドラマ 猿の軍団』が、たまたま運の悪いことに、ヤマトと同じ木曜日の同じ時間に放映されることになってしまった。西崎は、『猿の軍団』の原作を降りろと迫ってきた。ぼくとしても、親友は裏切れないから拒否する。すると、原案のクレジットタイトルを外すという。仕方なく、『ヤマト』のほうは、ＳＦ設定協力、監修という一歩さがったクレジットになってしまった。

その後、『ヤマト』が、大成功を収めた事実を知らない人は少ないだろう。だが、西崎は、その利益を多くのクリエーターに還元しようとはしなかった。だいたいクリエーターと言う人種は、商売には疎いものである。ぼくは、もちろん、おおよそ原作の松本零士ですら、じゅうぶんな報酬をもらっていない。他の方々も、優遇されたとは言い難い待遇に終わっている。スタジオぬえのように、搾取に等しいほど買いたたかれたと証言するプロダクションもある。

さて、小説版『ヤマト』だが、「虫プロ」時代からの親友の石津嵐に頼むことになった。石津は、のちに自身のスペースオペラ『宇宙船シャーク』シリーズでSF作家としてデビューするが、長いブランクの後、磐紀《ばんき》一郎《いちろう》のペンネームで時代小説作家としても活躍することになる。

この小説版『ヤマト』は、小説版としては最初のものである。まだ、放映される各話のプロット、ストーリーなどが、かたまっていないころに、ぼくと相談して石津が、執筆を開始した。したがって、内容はテレビとは一致しない。その一致しない部分にこそ、石津の苦心と創造性がある。

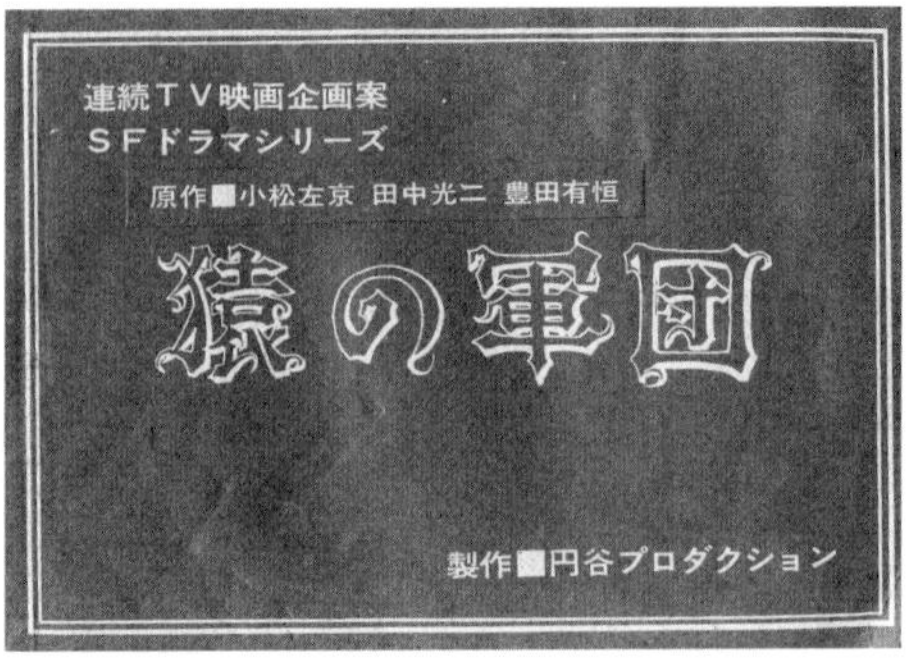

連続TV映画企画案
SFドラマシリーズ
原作■小松左京 田中光二 豊田有恒
猿の軍団
製作■円谷プロダクション

『猿の軍団』企画書　表紙

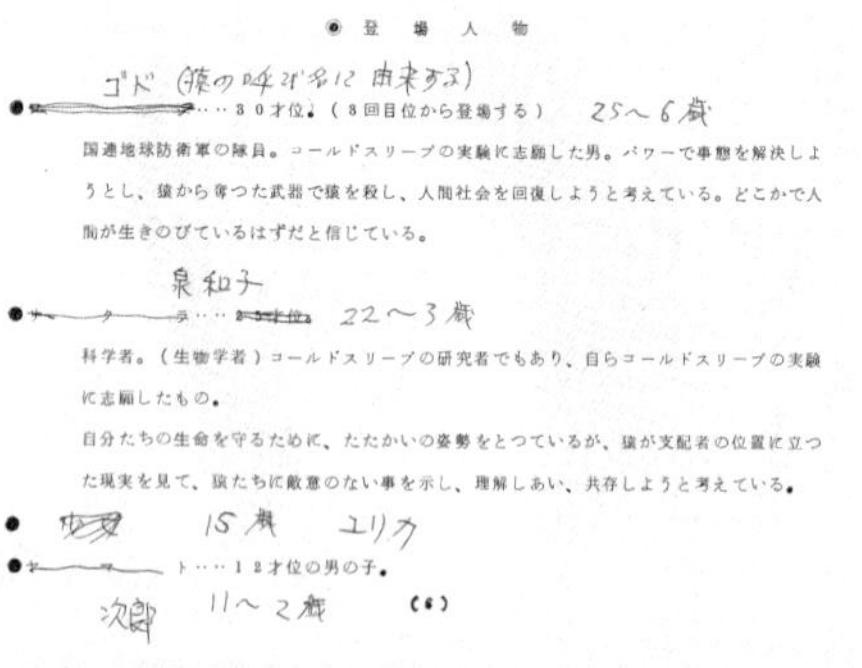

◉ 登 場 人 物

ゴド（猿の呼び名に由来する）
● ……３０才位。（８回目位から登場する）　25〜6歳
国連地球防衛軍の隊員。コールドスリープの実験に志願した男。パワーで事態を解決しようとし、猿から奪つた武器で猿を殺し、人間社会を回復しようと考えている。どこかで人間が生きのびているはずだと信じている。

泉和子
● ……　22〜3歳
科学者。（生物学者）コールドスリープの研究者でもあり、自らコールドスリープの実験に志願したもの。
自分たちの生命を守るために、たたかいの姿勢をとつているが、猿が支配者の位置に立つた現実を見て、猿たちに敵意のない事を示し、理解しあい、共存しようと考えている。

● 　15歳　ユリカ
● ト……１２才位の男の子。
次郎　11〜2歳　（６）

『猿の軍団』企画書　登場人物

西崎には、この最初の小説版『ヤマト』が、目障りだったようである。のちに再版が試みられた際、出版社に圧力をかけて中止させたのは、たぶん西崎らしい。『ヤマト』は、各シリーズが小説化されている。つまり、以後の『ヤマト』関連の出版物は、すべて西崎義展・原案というクレジットに限られたから、豊田有恒原案は、相いれないものだったのだ。

繰り返すが、『宇宙戦艦ヤマト』の劇場版、テレビ版ふくめて、最初の十作のSF設定は、ぼくが全て担当した。松本零士が、おおよその原作者であることは、まちがいないが、言ってみれば、ぼくも準原作くらいの貢献は、行なっている。

『猿の軍団』に際して、我が家の改築記念に、円谷プロの特撮スタッフが作ってくれた一点もののステゴサウルス・フィギュア

『宇宙戦艦ヤマト』最初の小説版

映画『ヤマトよ永遠に』台本

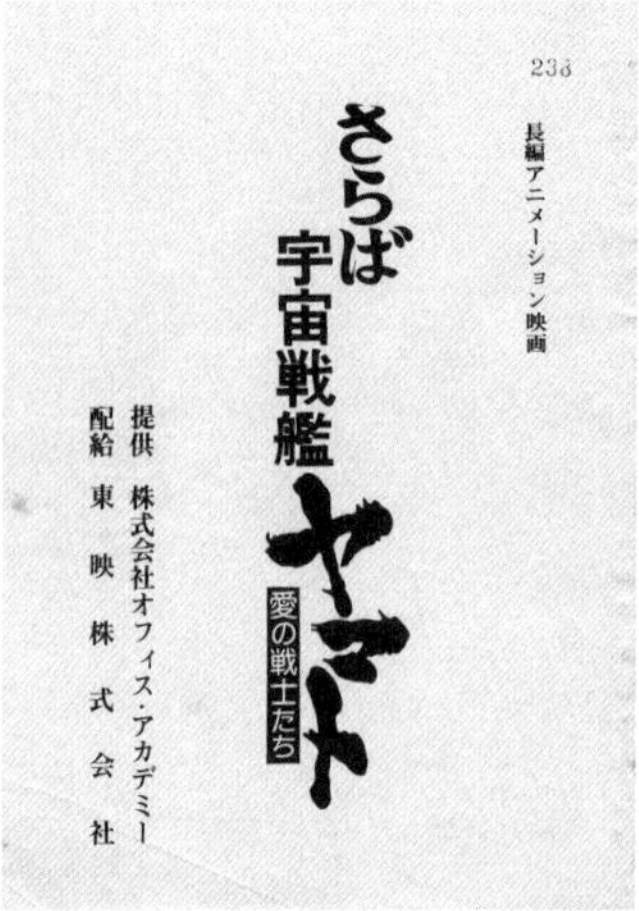

映画『さらば宇宙戦艦ヤマト』台本

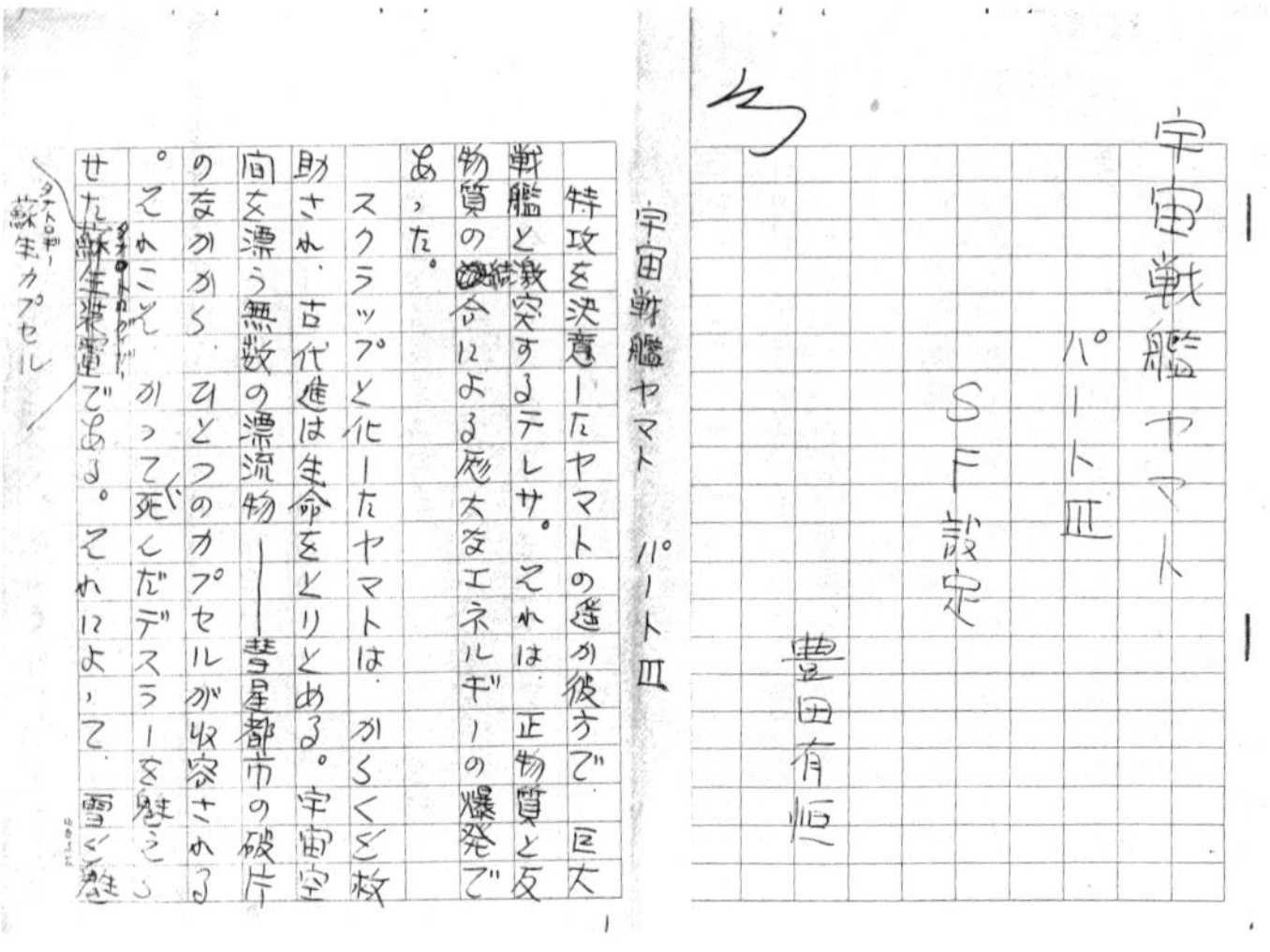

『宇宙戦艦ヤマトパートⅢ』 SF設定

10

パラレル・クリエーションのころ

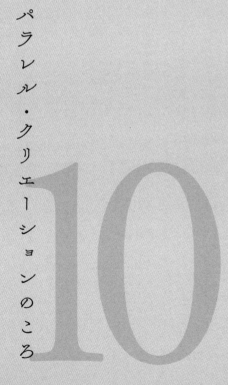

ただでさえ小説の締め切りのため、目が回るような忙しさで、ときどき神経性胃炎になるくらいだというのに、『ヤマト』の設定の仕事が、しだいに増えてくる。契約書などないから、どこまで手伝えばよいのかも決まっていない。やれ新兵器を考えろだのという予定にない要求が、西崎から突き付けられる。とても、ぼくひとりでは、賄いきれない作業量になった。それまでも、会議に出られないこともあった。

西崎は、会議が好きである。まるで御前会議のように、自分の存在感を見せつけたいらしい。ぼくが時間的に出られないときは、若い友人の星敬《ほしたかし》を代理に出席させた。星は、有名な明治の元勲星亨《ほしとおる》の曾孫で、学生のころから書評家を志して、わが家へ遊びに来ることが多かった。そこで、資料集めなど、アルバイトに手伝ってもらうという関係にあった。

星は、古今東西のSFに通じている。特に、日本SFに関しては、生き字引の域に達している。のちに、NHKのラジオSF劇場を手掛けたときは、担当者が驚嘆したものである。例えば、筒井康隆の作品で、十五分ほどのラジオドラマにできるものと言ったとたんに、これとこれという具合にいくつか具体的な作品名を挙げてみせたからだ。

星敬と土屋裕

ぼくが行けないとき、『ヤマト』の企画会議に星を送りこんで、積極的に発言しろと、命じておいた。星は、SFの引き出しが多いから、なにかの役に立つと踏んだからだが、西崎は、あまり重用しなかった。権威主義的な男だから、若い星を軽くみたらしい。

メカデザイナーの出渕裕を、すでにヤマトに巻きこんだことについては、前に書いたとおりである。一話限りのやられメカだが、好評を博していた。続いて星も、『ヤマト』に関わった。それでも、手が足りなくなり、やはり若い友人の土屋裕にも、声をかけた。

土屋は、もともと小松左京研究会の有力なメンバーで、のちに映画『さよならジュピター』では、CGを担当することになる多才な男だ。金銭的にも合わない仕事だなどと、ぼくが土屋にぼやいて見せると、土屋は、契約書もないなど、絶対にだめだとアドバイスしてくれた。西崎のような老獪な商売人に対抗するためには、こちらも一人では無理だと悟った。

土屋は、頭のいい男で、高校の丸暗記授業に耐えきれず中退してしまい、大検《だいけん》（大学入試検定試験）を経て、上智大学に入学するが、これも中退してしまう。したがって、最終学歴は中卒になるなどと、わざわざ自分から言い立てていた。この土屋も、『ヤマト』の仕事に巻きこんでしまった。

うちへ遊びに来る一回り、あるいは二回りも若い友人たちのあいだから、会社にしようという話が持ち上がり、星敬が代表して、ぼくに掛けあってきた。若いクリエイターが、なんの保証もないことは、ぼく自身、実際に痛感しながら生きてきた。寄らば大樹の陰ではないが、どこか身の置き所があったほうが、安心して生きていける。TBSに通っていたころは、TBSと書かれた紙袋を抱えて歩きながら、TBSの社員になったような錯覚を抱いたのも、どこかに帰属して身分の安定をはかろうと、無意識に望んでいたからかもしれない。

また、そのころ、知人の作家から、法人化したほうが、税金の節約になるというような話を聞いた記憶がある。実際、小説家という人種は、節税が不可能である。出版社でもテレビ局でも、原稿料、印税、出演料などは、源泉徴収したうえで、支払われるから、すべての収入がガラス張りになるため、脱税などしようものなら、たちどころに露見する。

パラレル・クリエーション発足

こうして、パラレル・クリエーション（株）が、発足することになった。一九八三年のことである。我が家から歩いて七、八分、下北沢駅からすぐのところに、2DKのアパートの一室を借りて、事務所とすることとし、本社は我が家に置くことになった。出渕は、同じアパートの隣の1Kの部屋を借りて、さっそく引っ越してきた。職住接近というわけだ。

パラレル・クリエーション、通称パラクリは、出渕裕、米田裕（イラストレーター）、岬兄悟《みさきけいご》（SF作家）の三人の社員のほか、いちばん長い付き合いの星敬をリーダーとして、常務ということに決めた。また、土屋裕、鹿野司《しかのつかさ》など科学ライターは、社外協力ライターという扱いになった。

パラクリのお披露目のため、青山のレストランを借り切り、知り合いの編集者、テレビ関係者などに、招待状を出した。せいぜい百人も来てくれればよいと、たかをくくっていたのだが、招待したほとんどの人が、参席してくれたため、料理が足りなくなり、あわてて追加した記憶がある。会費を取ったわけではないから、予算オーバーになり、嬉しい悲鳴というところだった。

深く考えることなく、ぼくが社長ということになったが、のちに訳知りの旧知の編集長から、作家が法人化する場合、奥さんを社長にするほうがよかったと、忠告された。万一、何か問題が生じた際、作家本人が矢面に立たされないためだという。そこまでは、知恵が回らなかったから、家内は、専務ということで手伝うことになった。専業主婦から専務になったわけだから、言ってみれば家族経営のようなものだ。考えてみれば、これまで課長にも部長にもなったことがないのに、ぼく自身、いっぺんで社長ということになってしまったのだ。作家という職業は、たいてい先生と

『Animec』パラクリ特集1　似顔絵
後列右から岬兄悟・出渕裕・星敬・米田裕
前列左から豊田有恒・久子

呼ばれることが多い。先生と社長と、どっちが偉いのか、ちょっと考えてみた。

先生というイメージは、たいてい時代劇の無精ひげを生やした浪人者だろう。

雇い主の越後屋から、

「先生、殺《や》っちまって、おくんなせえ！」

などと言われて、不気味な表情で刀を抜くまではいいが、あっさり主人公に斬られてしまう。損な役回りだ。

それでは、社長のほうがステータスが高いかというと、そうとも限らない。盛り場をほっつき歩いている、もてそうにない中年男のイメージだろう。呼び込みに、

「社長、いい娘《こ》がいますよ」

などと言われて、やに下がっている。これまた、あまり格好良くない。

冗談はともかく、こうして社長ごっこ、会社ごっこが、始まることになった。そんなわけで、ぼくが先生も社長も厭だといったところ、星が、ボスと呼ぶようになった。ギャングのボスのようで、最初は抵抗があったが、だんだん慣れてきた。家内の久子のほうは、専務という呼び名に、はじめから順応しているようだった。

若いクリエーターたち

パラレル・クリエーションという社名だが、メンバーそれぞれが、アニメやら、SF小説やら、イラストやら、書評などを、パラレルにやっているという意味だ。もともと『宇宙戦艦ヤマト』の受け皿のようにして始まった会社だが、SFよろず請負業のようなかたちで、好き勝手な仕事も続けるということで、皆がパラレルに働くことになった。

下北の駅に近い事務所は、場所が良いせいもあって、おおいに賑わい、千客万来というありさまになった。もともと、ぼくの自宅のほうも、一時期はSF作家のたまり場のようになったことがある。星新一に言わせると、雀豊荘《ジャンとよそう》だそうである。SF作家のマージャン場所になったからだ。SF仲間以外でも、バイクを通じて知り合った根津甚八や、まだ忙しくなかったころのタモリなど、多彩なゲストがやってくる家だった。こうしたゲストが訪れないときでも、若いクリエイターが、しばしば遊びに来ていた。パラクリのメンバーとは、古くからの付き合いだから、集まる場所が変わっただけで、気心が知れている。

事務所ができたので、さらに若いクリエイターが集まるようになった。ぼくが四十歳そこそこで最年長、メンバーは二十代の初めだったから、みな熱気に満ちていた。当時まだ珍しかったパソコンと大型コピー機やビデオカメラも、奮発したから、出渕などは、頼まれたメカデザインに、大いに活用していた。

岬兄悟は、ぼくが選者を担当した『ＳＦマガジン』のリーダーズストーリーズで知り合った仲で、すでにプロ作家としてのキャリアを歩みはじめていた。岬は、ほぼ同年代のＳＦ作家を、事務所に連れてくることが多かった。

近くに住んでいる新井素子が、まず常連になった。新井素子は、高二のときデビューしたから、天才少女ＳＦ作家として、すでに評判になっていた。大原まり子も、何度か訪れたが、のちに岬と結婚することになるとは、その時は判らなかった。また、久美沙織も、出入りしてくれる

岬兄悟イラスト1

岬兄悟『わがまま岬兄悟』表紙

ようになり、三人の女性SF作家で、事務所の雰囲気が華やかになった。

高井信は、アマチュアSF誌に載った作品を、ぼくのアンソロジーに採録したことで、親しくなった。名古屋在住なので、上京するたびに、パラクリの事務所には、顔を出してくれた。ぼくたち夫婦が、名古屋まで出かけて、仲人を務めた縁もある。せっかくだから、家内と二台のバイクで、ツーリングを兼ねて、出かけたのだが、家内に革ツナギを、買うはめになった。高井が、家に遊びに来たとき、家内の古いツナギは、よく目にしている。そこで、これを機に新調することになった。仲人を引き受けて、奥さんに和服を新調した人は、いるだろうが、バイクの革ツナギを新調したのは、多分うちだけだろう。

高井信『幸運ホテル』

その昔、ぼくが筒井康隆、眉村卓、平井和正などとやったように、お互いのアイデアを喋りあったりして、SFやアニメに関して情報交換するためでもあるが、いわば雑談、世間話に花を咲かせていたようである。無駄話のようだが、こうして同好の士と語りあえる場が、クリエイターにとっては重要なのだ。ついで、やはりSF作家の火浦功も加わるようになる。火浦は、のちにパラクリを畳むのと、申し合わせたかのように、筆を折ってしまう。才能的には、申し分のない男だったから惜しまれる。

事務所には、社長つまりぼくのデスクはない。一回り、いや下手をすると、二回りも年長の同業者がいては、若い者が話しにくいだろうという配慮のためだ。したがって、かれら後輩作家の会話をすべて聞き取ったわけではないが、溜まり場ができて、おおいに盛り上がっているようだった。

常連、とり・みき

パラクリの事務所にやってくるのは、SF作家ばかりではない。出渕の交友関係から始まったのだが、まず近くに住んでいた漫画家とり・みきが、常連に加わった。とり・みきは、当時まだ売り出し中で、小松左京研究会にも属していた熱心なSFファンだった。出渕から説明されていたらしく、SF作家であるぼくの事務所ということで、興味を抱いたようである。とり・みきも近くに住んでいたから、遊びがてら、訪れるようになった。とり・みきのお土産も、話題になった。近所のサーティ・ワンのアイスクリームを手土産にしてきてくれたものだ。

とり・みきは、九州の人吉の出身で、医家の生まれだが、漫画家になった。その点、ぼくとも

とり・みき『クルクルくりん』

とり・みきサイン

かがみあきら『ワンダートレック』

似た経歴である。父親の鳥越健嗣は、どくとるモッコスという異名で、エッセイなども書いている。一度、話したことがあるが、息子が医者ではなく、漫画家になった点については、訊いてみようと思いながら、訊けなかった。ぼくの場合、最大の理解者の父親が死んでしまったため、適性も能力もないのに、医学部へ行かされ、人生を誤ってしまったからだ。

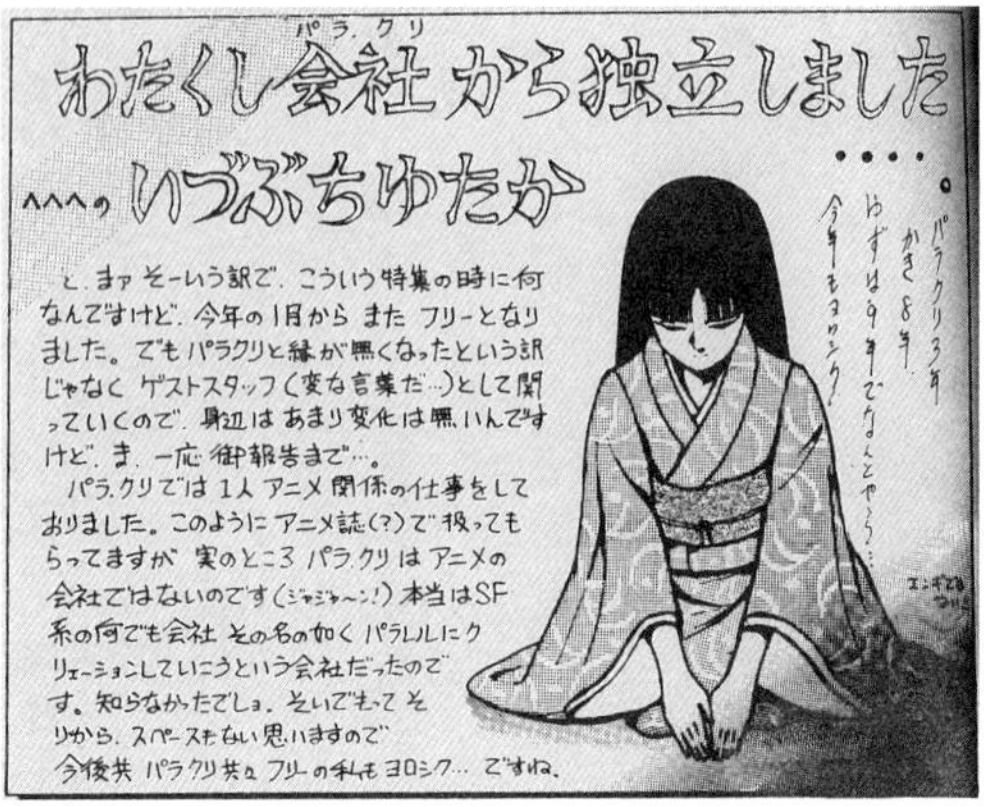

『Animec』パラクリ特集4　出渕裕独立挨拶

とり・みきは、やがて、『クルクルくりん』が、テレビ化されて、ブレークするのだが、知り合った頃は、デビューまもなくでギャグ漫画が主だった。のちに、ヤマザキマリと組んで、『プリニウス』を連載して、ギャグ漫画だけでなく、重厚な作品も手掛け、おおいに評価を上げる。義理堅い人間で、ぼくは、大いに尊敬している。

とり・みきの関係で、パラクリには、漫画家も集まるようになった。巨漢のかがみあきらは、常連になった。SF翻訳家から、広告業界に転じた鏡明と紛らわしいのだが、こちらは本名の鏡味晃を、読みにくいということから仮名書きにして、ペンネームとしたものだ。のちに、あの富野由悠季にも高く評価され、これからという時、二十六歳の若さで突然死してしまう。パラクリの仲間たちが、遺品の整理にアパートへ行くと、ぼくに報告してきたときのことは忘れない。

また、ゆうきまさみも、パラクリ事務所の常連だった。『機動警察パトレイバー』でブレークすることになるが、もともとのアイデアは、パラクリで出渕裕、火浦功などと、駄弁っているうちに、固まってきたものらしい。実現するまで、売り込みに苦労したという。ぼく自身、ヤマトなどで、経験しているが、何か新しいものをやろうとしても、一般の常識人は、なかなか受け入れてくれないものだ。巧く受け皿になってくれるような担当者に巡り合えるかどうかは、運次第ということになるから難しい。とり・みきが連れてきた漫画家には、吉田戦車もいた。

とり・みきは、吾妻ひでおも、パラクリ事務所に連れてきたらしいが、ぼくは、数えるほどしか会っていない。シュールなタッチのギャグ漫画は、あの才能がないと描けない作風だが、基本的にはアイデアストーリーだから、ストレスがかかる。パラクリ以後、スランプに陥り、アルコール依存症のようになり、先年なくなった。ユニークな資質が惜しまれる漫画家だった。

河森正治も、パラクリに来てくれることが多かったらしい。らしい、というのは、パラクリ事務所は、若い人に任せているような状態だったから、実際ぼくが河森と会ったのは、数えるほどしかないからだ。河森は、イラストレーターとしても有名だが、アニメとの関りでは、『超時空要塞マクロス』が有名で、特に河森がデザインしたバルキリーは、まさに傑作である。我が家の次男が持っていたバルキリーの超合金モデルを、いじったことがあるが、ジェット機のようなスタイルが、ロボット型に無理なく変形するのは、もともとのデザインが優れているからだろう。河森は、マクロス劇場版では、のちに石黒昇や押井守と共同監督という形で働くことになる。

クリエイターというものは、かぶったジャンルで活躍するものだから、いちがいに定義しにくい。ぼくの場合でも、SFという共通項はあるものの、日本初のアニメのオリジナル脚本家という顔と、SF小説の作家という顔、アメリカSFの翻訳家という顔を使い分けていた時期がある。

田中良直と原田知世ファンクラブ

パラクリの常連というより、主《ぬし》のような形になったのが、田中良直である。何者という定義はしにくいのだが、もともとは大林組のスタッフだった。大林組といっても、建築会社ではない。大林宣彦監督のチームで、『時をかける少女』の撮影に加わったことが、きっかけだった。田中は、大道具のような担当で、ディズニーランドでも働いたことがある。SFアニメファンなら、誰でも自由に出入りできるところが、パラクリの魅力だったようだ。

当時、とり・みきはじめ、パラクリに出入りするクリエイターは、期せずして原田知世のファンが多かった。そこで、いわばパラクリ原田知世ファンクラブが出来上がってしまい、大林組にいる田中が、まとめ役のような役割になったらしい。のちに、原田知世が、『天国にいちばん近い島』に出演したときは、田中が音頭を取って、米田、とりなど大勢で、ニューカレドニアまで、追っかけで出かけたという。ぼくも誘われたが、世代が違う。

ＳＦを志すような人間は、軽薄というくらい興味関心の幅が広い。ぼくの世代は、原田知世ではなかった。平井和正が、歌手の園まりの熱狂的なファンで、ぼくたちを巻き込んだ。星新一、筒井康隆なども、平井の陰謀によって、園まりファンクラブに入会させられてしまった。ぼくも、園まりを嫌いではないが、ファンクラブに入るほどではなかったものの、平井に付き合わされて、結局ファンということにされてしまい、パブリシティを兼ねて、星、筒井などの面々とともに、彼女といっしょに写真に写ることになり、ファンクラブ誌に載せられる羽目になった。先方も、ＳＦ作家という思いがけないファンがいると、面白がったのだろう。作家にとって、何事も経験。美人人気歌手と、いっしょに写真に写されれば、悪い気はしないものだ。

多才なメンバーたち

雑多なメンバーのうちには、イラスト関係者も、少なくなかった。米田裕は、一九〇センチもある長身の細見の男で、もともとはデザイナーで、公共の場所で使われる絵文字風のサインなども、手掛けたことがある。また、デザインスクールで基礎から教えるかたわら、自らも多くのイラストを手掛けている。さらに、専門書なので、ぼくには価値が判らないながら『InDesign DTPテクニック』というイラスト、レイアウトのプロ向けの大著を書いている。

『末弥純画集-WIZARDRY WORKS』

この米田の関係だろう。末弥純も、しばしば来てくれた。ぼくの小説のイラストを頼んだこともあるが、デビューは、ぼくが紹介した親友田中光二の『銀河十字軍』のカバーイラストだ。感性豊かな画集『ウィザードリィ・ワークス』を出版している。

画集と言えば、出渕の作品も、すばらしい。キャラクターデザイナーとして、デビューしたわけだが、自身も漫画を執筆したり、ヤマトのリメイク版の総監督を務めたり、イラストを書いたり、幅広く活躍している。三十周年記念と銘打った画集は、十年ほど前に出版されているが、いわば集大成だろう。また筑波の産総研のロボットＨＲＰ-２型も、出渕のデザインになるものだが、デモ映像を観た人が、ＣＧではないかと疑った話は前に書いたとおりである。それほど優れた造形美だという証しだろう。

みな、パラクリにおける雌伏《しふく》期《き》を経て、やがて大きく才能を開花させていくことになる。

鹿野司には、ときどき科学的な考証を頼んだりした。評判になった『オールザットウルトラ科学』（アスキー出版）は、パラクリで構想した成果である。また『サは、サイエンスのサ』は、のちにＳＦファンによる星雲賞を受賞することになるが、『ガメラ２　レギオン襲来』や『ヤマト2199』の監修考証でも活躍する。

鹿野は、パラクリに出入りする人間のなかでは、数少ない理系のクリエイターだからだが、かれの交友関係から、金子隆一とも知り合った。金子は、学歴は文系だが、鹿野同様に科学ライターとして活躍し始めたばかりで、独学だが古生物学の知識は、専門家はだしだった。多くの著書を遺すことになるが、専門家でない視点からの秀作も少なくない。

『哺乳類型爬虫類　ヒトの知られざる祖先』（朝日選書）では、古生代ペルム紀における獣窩類《じゅうかるい》の適応放散について、見事に考証してみせた。あまり知られていないが、その時点では、次の

米田裕『オールザットウルトラ科学』

鹿野司『巨大ロボット誕生』

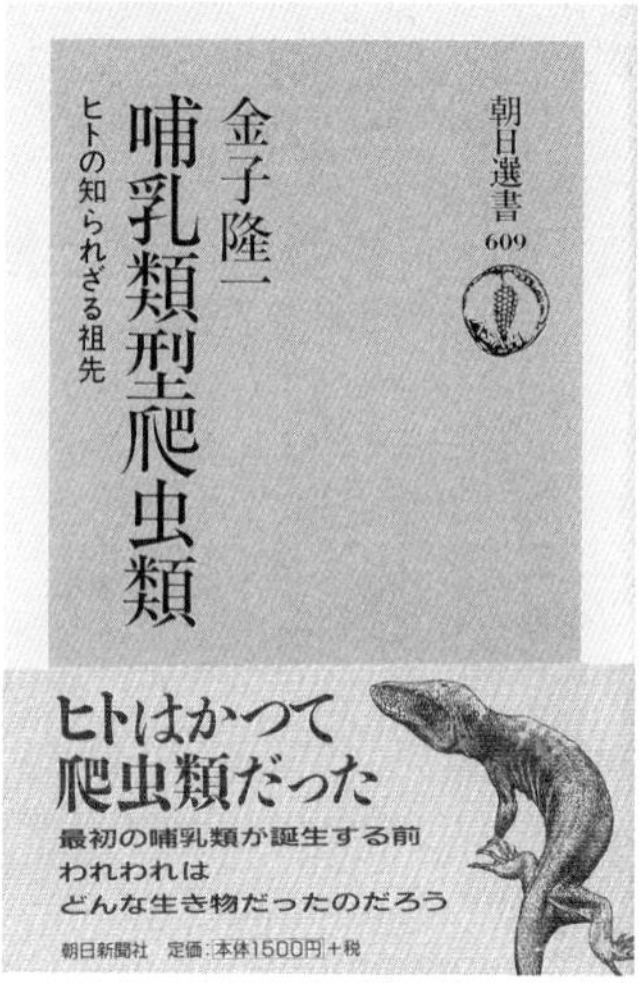

金子隆一『哺乳類型爬虫類』

中生代は哺乳類の時代になるのではないかと思わせるほどで、海と空を除くすべての生態的地位《エコステータス》を、獣《じゅう》窩《か》類《るい》が占めていた。ところが、哺乳類の時代は到来せず、恐竜が台頭する進化史になってしまう。

私事だが、金子隆一は、ぼくにとって、貴重な証人だったのだ。古生物学者デール・ラッセルは、恐竜人《ダイノサウロイド》という概念を提唱した。もし、絶滅していなければ、恐竜の子孫が人類の代わりをするという説だ。しかし、ぼくが『ダイノサウルス作戦』（早川書房、はるき文庫）で、叡智ある恐竜《サウロサピエンス》（Sauro Sapiens）という概念を登場させたほうが、遥かに早かった。金子は、この事実を力説してくれたのだ。

昨年の恐竜博（国立科学博物館）でも、ラッセルの恐竜人《ダイノサウロイド》の再現像が展示されていたが、ぼくのコンセプトは無視されたままだった。大げさに言えば、北里柴三郎、志賀潔、鈴木梅太郎などの研究が、再試行しただけの欧米学者に功績を奪われ、ノーベル賞を逸したのと、おなじような現象だろう。欧米人が言うと、信用するという国民性は、今も変わっていないのだろう。きちんとプライオリティを検証してほしいものだ。金子が五十代の若さでなくなり、証人がいなくなった。悔しいから、ネットで検索してみたら、わかる人はいるもので、Tomoko Yazakiという人が、ラッセルの恐竜人を、ぼくのパクリだとまで言ってくれた。

定義しにくい友人、田北鑑生

そろそろ自慢話は止めて、パラクリに話を戻そう。パラクリに出入りしていた若い友人のうち、もっとも定義しにくい人間に、田北鑑生がいる。近所の書店オリーブの店主で、コマ研（小松左京研究会）のメンバーで熱心なSFアニメファンだから、資料など探してもらったりしていたのだが、そのうち妙な形でデビューすることになった。たぶん日本で唯一の存在だったろう。そ

『ダイホンヤ』表紙

とり・みきと田北鑑生

れは、漫画のキャラクターになるという仕事である。漫画俳優と自称している。田北は、漫画の原作も手掛けているのだが、とり・みきの漫画に登場するようになってしまった。つまり似顔絵で、漫画に出てくるようになったのである。もっとも、その似顔絵だが、相当にデフォルメされているので、実物には似ていないのだが、それでいて面白いという妙な魅力があるのだ。とり・みきは、田北鑑生で味をしめたのか、前出の鹿野司も、漫画キャラクターとして登場させるようになるが、あくまで田北が第一号である。

ざっとパラクリにやってくるメンバーを紹介したのだが、他にも大勢やってきたようだが、ぼくは、把握していない。べつだん目を光らせていたわけではないから、事務所がどうなっていたのか、今に至るまで、よくわからないままだ。

妻は相撲部屋の女将さん?

ただ、若いクリエイターには、こうして自由に語り合える場が必要なことは確かだ。あるとき、専務、つまりぼくの妻の久子が、事務所に電話したところ、数人がヤマトの仕事で、集まっているという。夜も遅いのだが、まだ夕飯を食っていないという。そこで、久子は、わが家の夕飯の残りのカレーライスを、スクーターで届けにいったことがある。その時の久子の感想が、面白かった。

「相撲部屋の女将《おかみ》さんというのは、年中こんな感じなのでしょうね」

前に述べたように、断片的にしか知らないが、SF、アニメ関係者の溜まり場として、それなりの意義があったのだろう。ヤマトの仕事では、多くの若い仲間を巻きこんでしまった。岬兄悟には、何度目かのヤマトのノベライゼーションを、押し付けてしまった。西崎プロデューサーは、若い岬を軽くみて、かなり高圧的な態度だったらしい。岬は、あとで不満を漏らしている。また、『宇宙空母ブルーノア』では、金子隆一が設定に協力し、土屋裕もアイデアを提供したが、これまた、クレジットタイトルなどでは、西崎が原作ということだけが強調され、相応に報いられることはなかった。

パラクリのメンバーを、総動員するようなかたちで、ある機運が盛り上がったことがある。ぼくが書いたヒロイック・ファンタジー『ヤマトタケル』シリーズが、映像化される動きが出てきたからだ。もともとぼく自身、アニメ界にいた人間だが、星新一、小松左京はもちろん、筒井康隆、眉村卓、平井和正など、多くのSF仲間の作品が、映像化されるのを横目で見てきた。残念ながら、ぼくの原作が映像化されたことはない。才能の違いと言ってしまえば、それまでの話になるが、歯がゆいとも、悔しいとも、感じる日常だった。

才能の差

ぼくのような仕事をしていると、半分お世辞のように、才能を生かした仕事で、素晴らしいなどと言われることが少なくない。しかし、八十年以上も生きてきて、いまさら悟っても遅いのだが、才能が問題になるのは、プロになってからである。最初は、趣味が昂じるかどうかで決まるのだ。世の中には、なにか一つことに、趣味の次元で秀でている人は、掃いて捨てるほどいる。たいていの人は、いわゆる旦那芸《だんなげい》で終わってしまう。そこに、人生を注ぎこんでしまう人は、それほど多くはない。中途半端でない努力が必要だが、努力さえ惜しまなければ、誰でもプロになれる。しかし、いくら好きでも、それで食べて行くのは、容易ではない。プロになってから、才能の差が出てくるわけだ。ぼく自身、多くの仲間から才能の差を、見せ付けられた。しかし、少なくとも、映像の世界では、アイデアマンとして、ぼくにも分があると信じてきた。

『ヤマトタケル』シリーズは、『記紀《きき》』——古事記と日本書紀に出てくる日本武尊《やまとたけるのみこと》（書紀）、倭建命《やまとたけるのみこと》（古事記）を、日本初のヒロイック・ファンタジー風にアレンジした作品で、七巻ほど刊行された。ほど、と書いたのは、外伝風に書いた中編が他にあるからだ。表紙は、生頼範義《おうらいのりよし》が担当した。過日、上野において、生頼範義《おうらいのりよし》展が開催されて、おおいに好評を博した。

『出雲のヤマトタケル』

『火の国のヤマトタケル』

『ヤマトタケル』アニメ化企画書

パラクリ時代、間を置いて、『ヤマトタケル』の映像化の企画が、四度も持ちこまれた。具体的に社名を挙げてしまおう。最初はＣＡＬ。水戸黄門を制作しているプロダクションである。これは実写で、企画書の段階から手伝ったものの、実現しなかった。つづいて、松竹、円谷プロ、宣弘社などからも、オファーが来た。松竹のケースでは、永井豪のダイナミックプロが、絵を担当するアニメの企画である。また、宣弘社は、『隠密剣士』、『シルバー仮面』などを制作したプロダクションである。ぼくは、その都度、パラクリの若い友人たちの知恵を借りた。映像の世界から遠ざかり、自分の感性がずれてしまうことを恐れたからだ。しかし、残念ながら、いずれのケースも、実現しなかった。豊田有恒・原作の映像化の夢は、消えたのである。

パラクリは、もともと、『ヤマト』の受け皿として設けた事務所だが、多くの若いクリエイターが集まり、いわば若手クリエイターの梁山泊《りょうざんぱく》のような役割を果たした。結局、パラクリことパラレル・クリエーションは、一九八三年に設立され、九一年に幕を下ろした。その間に、ぼくは、矢野徹、星新一、小松左京、筒井康隆のあとを承《う》けて、日本ＳＦ作家クラブの事務局長、会長を務めた。星新一が仲良しクラブと定義したように、みんな同志として、ＳＦを志す仲間だったが、ある転機にさしかかっていた。会員が増えてくるにつれて、よく知らないメンバーも増えてくる。このころ、パラクリの若い仲間たちも、次々とＳＦ作家クラブに入会している。会員への連絡だけでも、事務処理がたいへんで、事務局長や会長の個人の能力を越えている。そこで、パラクリは、ぼくの在任中はSF作家クラブの事務局を兼ねるようになった。たまたま、パラクリに居合わせた人間が、会報発送の宛名書きをさせられる羽目になる。

社員旅行の思い出

パラクリは、仕事ばかりしていたわけではない。社員旅行にも出かけた。社員もメンバーも、区別のない集団だから、その都度、都合のつく人間が参加したのだが、フィリピンだの、タイだの、バリ島だの、大勢で旅行したものである。遊び大好きな妻の久子が、たいてい企画するのだが、とうとう社名を変えようと言い出したほどだ。なんと、パラレル・リクリエイションにしようという。

フィリピンでは、リゾート地のホテルのプールで、長身の米田裕には真ん中の深いところに立ってもらった。我が家の子供たちが、そこまで泳いでいく。つまり、我が家の子どもたちが溺れないように、人間救命ブイの役割を果たしてもらったことになる。公私混同もはなはだしいものだった。

リクリエイションに出かけたのは、海外ばかりではない。田中良直が、別所温泉を手配してくれたことがある。信州の鎌倉と言われる名所で、あまり知られていない穴場だ。上田電鉄というミニ路線が、いわゆる鉄ちゃんには人気だった。このところの豪雨で、橋が落ちたニュースを観て、あらためてパラクリの想い出が蘇り、心を痛めたものだ。

ミニ版・ときわ荘

わが家の恒例の年末行事に、キムチパーティがある。四十年以上も前になるが、ぼくが邪馬台国をテーマとしたタイムトラベルSFを書こうと思い立ち、韓国へ通いはじめ、韓国語を勉強しはじめた時、ちょうど早稲田大学で博士論文を執筆中だった忠北大学の金栄来《キミヨンネー》夫妻から、久子がキムチの漬け方を習ったのが始まりだった。夫婦ともに日本人の家庭で、過去五十年近くキムチを漬けているケースは、珍しいのではないだろうか。面白がって、何度かテレビが取材に来た。なにしろ白菜五十株だから、大仕事になる。事務所の仲間や、久子の友人など、年によってメンバーは異なるが、十数人がかりで漬けこむ。

漬けあがると、事務所ではなく、ぼくの自宅、つまり本社でキムチパーティを催すのだが、それぞれのメンバーが知り合いを連れてきたりするので、ぼくや久子の交友関係もふくめて、延べ百人近くが、押し寄せたこともある。熱心に話しこんだ相手が帰ったあと、どこの誰か判らなかったこともあった。家内も、ぼくの知り合いだと思いこんでいたし、ぼくはぼくで、てっきり久子の知り合いだと勘違いしていたから、べつだん不審にも思わなかったのだ。

居間とキチン、応接間、和室でも入りきれない客が、子供部屋で、うちの子供たちに、アニメ論を語っていたりしたものだ。我が家の三人の子供たちは、超常現象研究の第一人者の南山宏からUFOの話を聞いたり、カー小説の高齋正からスーパーカーについて教えられたりして育ったわけだから、いま思えば贅沢な話だった。

そもそもの法人化の動機となった節税のほうは、結局は巧くいかなかった。会社組織にしたうえで、ぼくも月給をもらうことにして、まだ食えなかったクリエイターに還元しようという目論見は、百戦錬磨の税務署から見れば、ままごと同然だったようだ。返り討ちに遭ったようなものだ。あれほど大規模ではないが、ぼくは、この点でも、手塚治虫を見習ってしまったようである。結局、パラクリことパラレル・クリエーションは、赤字会社でしかなく、約八年で終止符を打つことになった。

『聖戦士ダンバイン』『機動警察パトレイバー』など、多くのアニメが、ここで成長したことはまちがいないだろう。その意味では、小さな拠点だが、かつて漫画家が集まったという聖地ときわ荘のミニ版くらいの役割を果たしたのではないだろうか。

11

日本アニメの将来

CGアニメの隆盛

ぼくのアニメとの関わりは、『宇宙戦艦ヤマト』で終わった。『ヤマト』の受け皿として、パラクリことパラレル・クリエーションを設立したいきさつは、前章で書いたとおりである。ここでは、その後の日本アニメの隆盛ぶりについて、書くつもりはない。日本アニメは、クールジャパンの先鋭として、世界を席巻している。ヨーロッパ人の多くが、日本と関わったきっかけとして、日本アニメとの出あいを語っている。また、初来日したタイ人が、訪日の理由として、『ドラえもん』に登場するどら焼きなる食べ物を、食べてみたいという動機を述べている。たったそれだけの理由で、わざわざタイから日本へ来てくれたわけだ。日本アニメが、いかに大きな影響力を持っているかの証しだろう。

ぼくが、離れてから、日本アニメは大きく進化した。

もともと、アニメの制作作業は、労働集約的だから、人件費がかかる。そのため、なんとか省力化しようという試みは、早くから始められていた。ぼくが関わっていた時代にも、ひとつの制作過程が、省略されるようになった。アニメーターが動画を紙に描くのだが、この鉛筆書きの線を、トレースというセクションで、透明なアクリル板に筆で写し取る。ゼロックスの普及で、このトレースの過程が、不要になった。アクリル板にコピーすれば、筆でトレースするより、輪郭の鉛筆書きの微妙な線も、はっきり出て、よりリアルな絵になることから、省力化のほかにも絵《え》面《づら》の変化がもたらされた。

アニメの省力化の最大の転機は、CG（Computer Graphics）の採用だろう。これによって、これまでの平面的な絵ではなく、立体的な絵が可能になった。いわゆる3D（Three Dimension）アニメの誕生である。CGの登場によって、アニメのパラダイムが変わったと言っても過言ではない。アメリカでは、『トイソルジャー』『モンスターズ・インク』『シュレック』『ズートピア』『カーズ』など、次々にヒット作が誕生し、『アナと雪の女王』の大ヒットにつながり、確固たる市場を得ている。3D（三次元）の映像が、これまでにない迫力を生みだしている。

また、CG技術は、実写でも、これまでなかった映像を可能にしている。映画『ジュラシックパーク』では、監督のスピルバーグは、登場する恐竜が、まがい物に見えたら、金を返してもいいとまで、豪語している。さらにCG技術は、アニメと実写の境界線すらも、曖昧にしてしまった。実写版と称する『ライオンキング』は、登場する動物すべてをCGで表現したから、擬人化された映像になり、はたして実写と呼べるかどうか、賛否両論を巻き起こした。また、最新作の『スターウォーズ』では、重要なキャストであるレイア姫に扮するキャリー・フィッシャーが、撮影途中に亡くなったため、残るシーンをCGで撮影したという。この伝で言えば、オードリー・ヘップバーンや石原裕次郎の主演で、新作を製作できることになる。つまり、CG技術は、無限の可能性を秘めていることになる。

しかし、日本では、作画作業はCG化されているものの、絵面は平面的なままであるケースが、ほとんどである。かつて手描きのアニメの制作現場を見て回った実感だが、アニメでは、回り込むような絵面が苦手である。したがって、どうしても絵は二次元的なものになってしまう。平面的な絵を、マルチなどの手法を試み、いかにして立体的に見せるかで、苦労させられたのである。しかし、CGなら、三次元的で立体的な絵が可能になる。二次元的でも三次元的でも、CGを使えば手間は大して変わらない。よりリアルさを求めれば、三次元的な絵面のほうが迫力が格段に違う。

もちろん、日本のクリエイターも、三次元アニメに挑み、『ファイナルファンタジー』のような作品も生まれたのだが、日本では受けなかった。また、アメリカ版『アストロボーイ(鉄腕アトム)』も、日本ではヒットしなかった。最近では、映画『ドラえもん』が、3Dアニメ化され、一定の興業成績をおさめたものの、日本の観客からは、違和感を訴える声が多かった。

おそらく、日米におけるアニメ文化の相違のせいに違いない。日本では、『アトム』にしろ、『ドラえもん』にしろ、原作となる漫画が、あらかじめ存在しているケースが多い。雑誌でも単行本でも、紙を媒体としているかぎり、平面的な絵面にならざるを得ない。無理に3D化すれば、原作のイメージが損なわれる。これに対して、アメリカでは、『スーパーマン』のような原作があるケースもないではないが、『アナと雪の女王』をはじめ、ほとんどの長編アニメは、オリジナルである。原作の平面的なイメージには捉われないから、はじめから3D的な映像で制作されるのである。

制作側の責任ばかりではなく、受け手の視聴者の意識の問題もある。日本のアニメファンは、長年ずっと平面的な絵にならされているため、三次元的な絵面は、ゲームのキャラクターのものとしか、受け止めないのである。どうやら、いかにもCGといった3D映像は、手作り感覚に乏しく、感情移入しにくいのだろう。

日本アニメは、ガラパゴス化するのだろうか。いかにも3Dといった絵面のアメリカのアニメに対して、これまでのところ、日本アニメの手作り感覚は、それなりに受け入れられてきた。ただ、今後も、日本式が、通用するという保証はない。

アニメ創世記を後世に

ぼくが、アニメの世界を離れて、ほぼ十年後、恩人ともいうべき二人の人物が、世を去った。ひとりは、河島治之である。『エイトマン』の絵コンテを一人で描き続け、ライバルの虫プロからも一目置かれたアニメ創世記の偉大な才能である。九州男児で、気骨のある侠気には、ぼくは何度も救われている。

もう一人は、大恩人の手塚治虫である。癌で闘病中だということは、近親者しか知らなかった。本人の意向だったらしい。一九八九年二月九日、世界に誇るクリエイターが、逝去した。ぼくは、まったく知らず、見舞いにも行かなかったことを大いに悔《く》いた。しばらくは、仕事が手につかなかった。

自分に対する言い訳でしかないが、ぼくは旅に出た。河島治之、手塚治虫を弔うため、ぼくにできる唯一のことだと思い込んだ。四国八十八か所の寺院を巡るため、バイクで出かけたのである。もともと宗教心は薄いほうだから、お経など知らない。ただ恩人二人の名を唱え、祈るだけである。声に出すわけではなく、心の中で祈るだけなのに、初めは照れていた。だが、札所を巡るうちに、だんだん真剣になってきた。八十八か所の巡礼を終えると、途中で出会ったベテランのお遍路さんから、アドバイスを受けた。全部の札所を巡り終えたら、高野山の壇上伽藍と奥の院を訪れ、弘法大師に報告しなければならないものだそうだ。そこで、徳島の小松島港からフェリーで和歌山に渡り、参拝を済ませて帰京した。

あれから、さらに三十年、ＳＦやアニメに関わった多くの同志が、すでに鬼籍に入ってしまった。矢野徹、星新一、小松左京、光瀬龍、半村良、野田宏一郎、眉村卓、平井和正、山野浩一、横田順彌、星敬など、いずれもアニメ、映像に関わったSF作家が、すでに世を去っている。

また、この稿を執筆中の令和元年十二月二日、共にパラレル・クリエーションを興した星敬の訃報に接し、送ってきたばかりである。星は、『恋する銀河』（集英社コバルト文庫）など、多くのアンソロジーを編者として手掛け、ファンタジーロマン賞の選考委員を務めるなどした。晩年は、東放学園において小説創作科の講師として、後進の指導に当たった。享年六十三歳だった。

今、八十二歳の馬齢を重ね、この本を書く動機は、いわば遺言のためである。日本アニメの黎明期、多くの才能が群がり、競い合って、今日の隆盛への基礎を築いた事実を、後世に残したいがため、敢えて筆を取った次第である。

著者紹介

豊田有恒（とよた・ありつね）

1938年　前橋市に生まれる。慶応義塾大学医学部中退、武蔵大学経済学部卒業。1961年『時間砲』で第一回空想科学小説コンテスト佳作入賞。『エイトマン』『鉄腕アトム』など、黎明期のアニメ界にシナリオライターとして参加、日本アニメのオリジナル・シナリオライター第一号となる。以後、SF翻訳家を経て、SF作家として独立。87年、日本SF作家クラブ会長。2000年より島根県立大学教授。現在、同大学名誉教授。

著書に、『火星で最後の……』(早川書房)、『モンゴルの残光』(ハルキ文庫)、『倭王の末裔―小説・騎馬民族征服説』(講談社文庫)、『タイムスリップ大戦争』(角川文庫)、『崇峻天皇暗殺事件』(講談社)など小説多数。

また『なぜ中国・韓国は近代化できないのか』(勉誠出版、共著)、『韓国の挑戦』(祥伝社ノン・ブック)、『「宇宙戦艦ヤマト」の真実』(祥伝社新書)などのノンフィクション多数。

最近著に『統一朝鮮が日本に襲いかかる』(祥伝社新書)、『日本SF誕生―空想と科学の作家たち』(勉誠出版)。

訳書に、『天翔ける十字軍』、『魔界の紋章』(いずれもポール・アンダーソン著、ハヤカワ文庫)がある。

日本《にほん》アニメ誕生《たんじょう》

2020年8月28日　初版発行

著　者　豊田有恒

発行者　池嶋洋次

発行所　勉誠出版株式会社

〒101-0051　東京都千代田区神田神保町3-10-2

TEL：(03)5215-9021(代)　FAX：(03)5215-9025

〈出版詳細情報〉 http://bensei.jp

印刷・製本　中央精版印刷

ISBN 978-4-585-27056-0　C0076

東の妖怪・西のモンスター
想像力の文化比較

東西それぞれの「見えないもの」のイメージ表象を、文化人類学・民俗学・文学・美術史・思想史など、多面的な視点から考察。人々の思惟の普遍性と独自性を探り出す。

徳田和夫 編・本体三八〇〇円（＋税）

お伽草子超入門

お伽草子の代表的なテーマである妖怪、異類婚姻、恋愛、歌人伝説、高僧伝説など六つの物語を紹介。読みやすい現代語訳、多数の図版とともに読み解く。

伊藤慎吾 編・本体二八〇〇円（＋税）

怪異を媒介するもの

「怪異」の表象には、神霊と人、人と人を媒介する知と技が重要な役割を果たしてきた。その諸相を検討し、怪異を巡る社会や人々の心性のダイナミズムを明らかにする。

東アジア恠異学会 編・本体二八〇〇円（＋税）

この世のキワ
〈自然〉の内と外

驚異と怪異の表象を、ユーラシア大陸の東西の伝承・史料・美術品等に探り、自然と超自然・この世とあの世の境界に立ち現れる身体・音・モノについて、学際的に考察。

山中由里子・山田仁史 編・本体三二〇〇円（＋税）

超域する異界

洋の東西を問わず、古代から現代に至るまで、人間の精神文化のなかに表現やかたちを変えながら遍在する「異なるもの」の多面的価値を浮き彫りにする。

大野寿子 編・本体六五〇〇円（＋税）

日本ミステリアス妖怪・怪奇・妖人事典

ときにユーモラスで楽しく、ときに恐ろしく、哀しく寂しい…妖怪・鬼・悪霊から神仙・超人まで、日本に息づく異界のものたちを網羅した、不可思議総合事典！

志村有弘 編・本体四五〇〇円（＋税）

世界神話入門

宇宙の成り立ち、異世界の風景、異類との婚姻、神々の戦争と恋愛…。世界中の神話を類型ごとに解説し、神話そのものの成立に関する深い洞察を展開する。

篠田知和基 著・本体二四〇〇円（＋税）

マハーバーラタ入門
インド神話の世界

神話・教説・哲学が織り込まれた古代インド叙事詩『マハーバーラタ』。十八巻・十万詩節からなるヒンドゥー教の聖典を一冊にまとめた画期的入門書！

沖田瑞穂 著・本体一八〇〇円（＋税）

忍者の誕生

忍者の実像とはどのようなものなのか？　忍術書・忍具、アジア圏の忍者の小説・マンガなども紹介するとともに、現代でも衰えない人気を誇る「忍者」を解明する。

吉丸雄哉・山田雄司 編・本体三六〇〇円（+税）

100人の作家で知る ラテンアメリカ文学ガイドブック

十九～二十一世紀の代表的な作家一〇〇人と、作家の代表作を紹介し、ラテンアメリカ文学を読む人への指針となるハンドブック！

寺尾隆吉 著・本体二八〇〇円（+税）

アメリカ現代詩入門 エズラ・パウンドからボブ・ディランまで

アメリカ現代詩を代表する十九人の三十作品を、一篇ずつ、丹念に読み解く。アメリカ現代詩研究の第一人者による、アメリカ詩を知るための最良の入門書！

原成吉 著・本体三五〇〇円（+税）

文学のなかの科学 なぜ飛行機は「僕」の頭の上を通ったのか

小説のなかに働く力学と、二十世紀後半に確立した複雑系の科学。芥川龍之介、谷崎潤一郎、村上春樹といった作家たちの文学と科学とをつなぐ、物語生成の法則を考察。

千葉俊二 著・本体三二〇〇円（+税）

ビジュアル資料でたどる
文豪たちの東京

文豪たちの生活の場、創作の源泉としての東京を浮かびあがらせる。東京が舞台の作品紹介、原稿や挿絵、文豪の愛用品などの写真多数掲載。文学館ガイドを付す。

日本近代文学館 編・本体二八〇〇円（＋税）

漱石文体見本帳

多彩な表現をあやつる「文章家」としても読者から愛された夏目漱石。漱石の小説文体を十に分類。具体的な文例を味わいながら、その効果と背景をわかりやすく紹介。

北川扶生子 著・本体二八〇〇円（＋税）

同性愛文学の系譜
日本近現代文学における
ＬＧＢＴ以前／以後

森鷗外、三島由紀夫ら近代文学の作家から、山崎ナオコーラ、綿矢りさら現在進行形の作家までを紹介し、明治から平成までの同性愛文学の流れを辿った新しい文学史。

伊藤氏貴 著・本体二八〇〇円（＋税）

定本〈男の恋〉の文学史
『万葉集』から田山花袋、
近松秋江まで

『源氏物語』の柏木、近世の仮名草子などの古典文学から、北村透谷、田山花袋、近松秋江まで、数多の「男が女に恋をして苦しむ」作品を紹介、恋する男の系譜を辿る。

小谷野敦 著・本体二二〇〇円（＋税）